기독교문서선교회 (Christian Literature Center: 약칭 CLC)는 1941년 영국 콜체스터에서 켄 아담스에 의해 시작되었으며 국제 본부는 미국 필라델피아에 있습니다. 국제 CLC는 59개 나라에서 180개의 본부를 두고, 약 650여 명의 선교사들이 이동도서차량 40대를 이용하여 문서 보급에 힘쓰고 있으며 이메일 주문을 통해 130여 국으로 책을 공급하고 있습니다. 한국 CLC는 청교도적 복음주의 신학과 신앙서적을 출판하는 문서선교기관으로서, 한 영혼이라도 구원되길 소망하면서 주님이 오시는 그날까지 최선을 다할 것입니다.

고령사회의 삶과 죽음에 대한 이해
한국과 중국의 유교, 불교, 기독교를 중심으로[*]

---

* 본서의 연구는 포스코청암재단 아시아인문사회연구지원사업으로 수행하였다.

The Understanding of Life and Death in an Aged Society:
An Analysis Based on Confucianism, Buddhism, and Christianity in Korea and China
Written by Seong-Hun Choi
All rights reserved.
Korean Edition Copyright ⓒ 2018 by Christian Literature Center, Seoul, Korea

고령사회의 삶과 죽음에 대한 이해
한국과 중국의 유교, 불교, 기독교를 중심으로

2018년 8월 30일 초판 발행

지은이 | 최성훈

편집 | 정희연
디자인 | 서민정, 신봉규
펴낸곳 | (사)기독교문서선교회
등록 | 제16-25호(1980.1.18)
주소 | 서울특별시 서초구 방배로 68
전화 | 02-586-8761~3(본사) 031-942-8761(영업부)
팩스 | 02-523-0131(본사) 031-942-8763(영업부)
이메일 | clckor@gmail.com
홈페이지 | www.clcbook.com

ISBN 978-89-341-1849-7 (04210)
ISBN 978-89-341-1848-0 (세트)

이 도서의 국립중앙도서관 출판시 도서목록(CIP)은
서지정보유통지원시스템 홈페이지(http://seoji.nl.go.kr)와 국가자료공동목록시스템
(http://www.nl.go.kr/kolisnet)에서 이용하실 수 있습니다. (CIP제어번호: CIP2018023445)
이 책의 저작권은 저자와 (사)기독교문서선교회가 소유합니다.
신저작권법에 의하여 한국 내에서 보호받는 저작물이므로 무단 전재와 무단 복제를 금합니다.

최성훈 교수 종교사회학 시리즈 1

고령사회의 삶과 죽음에 대한 이해

한국과 중국의 유교, 불교, 기독교를 중심으로

LIFE & DEATH

최성훈 지음

CLC

추천사 1

한 동 희 박사

노인생활과학연구소 소장

책의 추천사 쓰는 것은 저자의 모든 생각과 철학을 이해하고 나서 시작하는 것이 옳을텐데 평소 노년의 철학적 연구의 필요성이 중요하다고 생각해온 나로서는 제목에서부터 이끌려 감히 추천사를 쓰게 되었다. 나는 아직 저자 최성훈 박사의 철학적 사고를 깊게 통찰하지는 못하지만 내가 늘 고민해 왔던 분야인 삶 다음의 죽음을 노년을 통해 연결해 보고자 애쓴 박사님의 책을 통해서 이해하고 싶었다.

인구의 고령화는 단순히 노인인구가 많아지는 것에 국한되는 것이 아니다. 사회 전반의 변화와 의미 있게 늙어가는 방법을 터득해야 하는 어려운 과제를 우리 모두는 늘 고민하게 될 것이므로 노년을 다양한 각도에서 볼 수 있어야 한다고 생각한다. 특히 이미 초고령사회를 경험하는 유럽에서는 노년의 의미, 삶의 의미가 현실적인 문제가 아니라 철학적이며, 죽음 그 이후와 관련해서 관심이 증가하고 있다. 한국은 고령화사회가 시작되었던 2000년 7%의 노인인구가 2017년에 14%에 가까이 이르러 17년 만에 고령화사회에서 고령사회가 되었고, 초고령사회가 되는 것도 불과 몇 년 남지 않았다. 따라서 우리 사회는 노년을 두고 단순히 늙음에 대한 단순한 복지, 경제, 보건의 문제뿐만 아니라 그 이상의 삶의 질에 대한 방안을 보다 한 단계 높은 차원에서 이해할 수 있어야 할 것으로 본다.

저자는 한국과 중국이 유교와 불교를 공유하며, 기독교의 전래를 통해 근대화를 경험했다는 공통점을 가지고 종교적 신념에 기반하여 장기적 관점에서 건강한 고령사회의 원리를 도출한다면 고령화 대비는 양국의 교류와 관계 개선에도 효과적으로 활용될 수 있는 가능성이 있다고 지적하였다. 또한 한국은 경제적 지원과 정신적 돌봄을 동시에 진행하는 반면, 중국은 우선 재정적 지원에 중점을 두는 모습을 보이고 있다고 진단하면서, 양국은 효 가치관이 변화하고 있는 점이 고령화의 공통점이며, 고령화 대책은 정치체제와 경제발전의 차이로 인하여 구체적인 면에서는 상이한 모습을 보이고 있다고 분석하였다.

저자는 또한 유교, 불교, 기독교의 영향을 공통적으로 받은 한국과 중국은 현세관과 내세관, 그리고 죽음 인식을 통해 고령화에 다차원적으로 대처하는 것이 필요하다고 주장하면서, 고령화 문제는 결국 인간의 삶과 죽음과 관련된 문제로서 삶의 마지막 단계인 죽음에 대한 이해는 삶의 가치를 조명하는 초석이 된다고 지적하였다. 따라서 삶과 죽음을 포괄하는 인간 존재에 대한 통전적 이해가 필수적이며, 그러한 이해를 가능케 하는 원리 역시 종교의 가르침을 통하여 자연스럽게 도출할 수 있다고 보았다.

그러므로 저자는 고령사회의 문제 해결을 위하여 한중 양국이 삶과 죽음의 종교적 원리를 활용하여 정책의 목표 및 방향성을 정립하여야 한다고 보았다. 인간 생애를 통전적으로 바라보도록 하기 위하여 국가와 종교 간에 지속적인 소통의 노력이 기울여져야 하며, 앞으로 양국은 재정적인 지원에만 초점을 맞출 것이 아니라 노년층을 직접 사회보장 프로그램에 참여시켜서 맞춤식의 서비스를 제공하는 한편, 실무자 역량 강화를 통해 효율성을 확보하여야 한다고 주장하였다.

또한 단순히 경제적인 면에만 초점을 맞출 것이 아니라 다양한 프로그램을 개발하는 한편, 이를 고령화가 지속될수록 확장하여 다차원적으로 고령층의 다양한 요구에 부응하여야 한다고 주장하였다. 최성훈 교수의 이러한 노년에 대한 재해석은 노년학자들에게 흥미로운 시사점을 던져주고 삶과 죽음의 본질적인 문제를 조명한다. 앞으로도 이처럼 종교적 관점에서 노년을 조명하는 많은 책과 연구결과물들을 통하여 더욱 노년을 풍부하게 해석할 수 있는 계기를 마련해 주기를 바라며 본서를 추천한다.

추천사 2

양 재 운 이사

포스코청암재단 상임이사

    지난 2006년부터 국내 민간재단 중에서 유일하게 인문사회 분야의 연구를 지원하는 포스코청암재단이 지난 2017년 접수한 연구사업은 국내 208건, 해외 84건, 도합 292건에 달했다. 이 가운데 11:1의 경쟁률을 뚫고 채택된 연구과제는 국내 18과제, 해외 7과제, 총 25개의 과제이다. 당시 서울대학교 동양사학과 유인선 교수를 심사위원장으로 하는 심사위원단은 독창적이고 희소가치가 있으며, 향후 연구축적이 필요한 분야의 연구과제에 한해서 연구의 지원을 결정했다.

    2017~2018년 지원과제로 선정된 한세대학교 최성훈 교수의 연구는 우리나라가 맞이하는 고령사회의 진입이라는 인문사회학의 주제를 한국과 중국 양국이 공유하는 유교, 불교, 기독교의 관점을 통해 심도 있는 조명과 함께 향후 나아갈 방향성을 제시함으로써 노년학, 사회복지학, 동아시아

학, 정치외교학, 종교사회학 등 다방면에 걸친 학문적 공헌의 가능성을 높이 평가받았다. 2017년 12월, 저자의 중간보고를 대할 때 그의 연구에 있어서 깊이와 너비를 고루 갖춘 학문성의 탁월함을 높이 평가하며 최종연구에 대한 큰 기대를 가졌는데, 본서의 원고를 받아보고 그러한 기대가 틀리지 않았음을 실감한다.

개신교 신학자인 저자는 고령사회에 진입하는 한국과 중국 양국의 현실을 종교적 관점에서 조명하되 특정 종교에 치우치지 않고 객관적으로 분석하고 있다. 이를 통해 기독교의 입장에서 유교와 불교를 받아들이고 소통함을 통해 종교 간 대화의 가능성을 열고 있다는 점 역시 매우 의미가 있다.

또한 삶과 죽음이 별개의 개념이 아니라 통합적으로 바라보아야 함을 강조하며 양국의 고령화 현황을 유교, 불교, 기독교의 역사 및 교리, 종교사회적 관점에서 심도 있게 다루었으며, 이를 통해 향후 고령사회를 넘어 초고령사회로 나아가는 한중 양국이 지향해야 할 대응방안을 제시함으로써 과거와 현재, 그리고 미래를 함께 아우르는 학문적 성과를 내고 있다. 따라서 숨가쁜 현대화와 고령화의 도전 속에서 미래를 바라보는 모든 현대인들에게 기쁜 마음으로 최성훈 교수의 역작, 『고령사회의 삶과 죽음에 대한 이해』의 일독을 추천하는 바이다.

저자 서문

최 성 훈 박사

한세대학교 신학부 기독교교육상담학과 교수

본서는 2017~2018년 포스코청암재단의 아시아인문사회연구 지원을 받아 수행한 연구 결과를 정리한 결과물이다. 필자는 이를 "최성훈 교수 종교사회학 시리즈"의 첫번째 책으로 구성하였다. 본 시리즈는 하나님의 뜻을 특별하게 전달하는 가교인 특별계시의 꽃이자 기독교의 경전인 성경의 가르침(the Text)을 우리가 사는 세상 속, 즉 삶의 정황(the Context)에 적용하기 위한 목적으로 구상되었다. 왜냐하면 특정 종교의 입장에서 포교를 목적으로 일방향 소통을 하는 것보다 객관적인 입장으로 고령사회에서 삶과 죽음을 다루는 종교들의 주장에서 합의점을 찾아 조금씩 견해의 차이를 좁히는 것이 보다 효율적일 것이기 때문이다.

이는 기독교, 유교, 불교 등 종교 간의 소통에만 기여하는 것이 아니라 해당 종교들의 전통을 공유하는 한국과 중국의 상호 교류와 이해 증진에도 공헌할 것이다.

따라서 본서는 한국과 중국을 중심으로 고령화에 적절히 대응하기 위하여 사회구성원들의 정신적 기반인 가치관, 특히 유교, 불교, 기독교 등 종교적 배경에 기반한 삶의 윤리와 죽음을 통해 현세관 및 내세관을 조명하고 오늘날 한국과 중국의 고령화 관련 정책에 시사하는 바를 제시하였다.

제1장에서 고령사회를 맞이하는 한국과 중국이 유교, 불교, 기독교를 공유하고 있는데, 이 종교들을 통하여 조명하는 방법론의 의의를 확인하였다.

제2장에서는 한국과 중국의 고령화 현상의 배경 및 현상학적 측면을 비교, 대조하여 분석하였다.

제3장은 유교, 불교, 기독교의 인간관과 삶, 죽음에 대한 인식 점검을 통해 고령화를 종교적 관점에서 통전적으로 조명하였다.

제4장에서는 그러한 종교적 관점에서 사회를 통합하는 보편적 원리를 제시함으로써 고령화에 적절히 대응하는 국가 및 사회 차원의 방안을 모색하였다.

제5장은 그러한 논의들을 요약하여 정리하였다.

본서가 기독교를 중심으로 유교, 불교와 함께 삶과 죽음의 의미를 나눔으로써 우리나라의 각 종교 간 대화와 소통에 이바지하고, 한국과 중국의 관계를 장기적 관점에서 조명하는 종교사회학적 토대가 되며, 더 나아가서는 포스코청암재단의 인문사회 연구 지원의 의의를 제고하는 작은 발판이 되기를 바란다.

고령사회의 삶과 죽음에 대한 이해

차례

추천사 1(한동희 박사, 노인생활과학연구소 소장) _4
추천사 2(양재운 이사, 포스코청암재단 상임이사) _8
저자 서문 _10

1장 고령사회를 조명하는 종교적 관점의 의의 16

2장 한국과 중국의 고령화 현황   19
  1. 한국의 고령사회 진입과 도전   20
  2. 중국의 고령화 진전과 과제   22
  3. 한중 양국의 고령화 현황의 비교   25

3장 삶과 죽음에 대한 종교적 이해   35
  1. 유교의 현세적 관점   38
  2. 불교의 윤회적 관점   57
  3. 기독교의 구속적 관점   69

4장 고령화에 대한 대응방안　　　　　　　　81
　　1. 통합을 이루는 보편적 원리　　　　　82
　　2. 종교와 사회　　　　　　　　　　　　87
　　3. 국가정책에 대한 함의　　　　　　　　97

5장 결론 및 제언　　　　　　　　　　　107

참고문헌 _111
미주 _117

1장

고령사회를 조명하는 종교적 관점의 의의

　빠른 속도로 고령화를 경험하는 한국, 중국, 일본의 동북아 3국 가운데 한국과 일본은 2018년 현재, 65세 이상 인구의 비중이 전체 인구의 14%를 상회하는 고령사회에 진입하였다. 한국무역협회(http://stat.kita.net)에 의하면 2018년 2월 말 현재, 대 중국 수출액은 249억 달러로서 중국은 우리나라 전체 수출의 26.5%를 차지하는 최대 수출대상국이고, 중국으로부터의 수입은 167억 달러로서 중국은 우리나라 수입의 19.2%를 차지하는 최대 수입대상국에 해당한다.

　한 때 한국과 중국은 사드(Thaad) 배치를 둘러싸고 대립의 각을 세우기도 했으나, 양국은 유교와 불교의 전통을 공유하며, 기독교의 전래를 통해 근대화를 경험했다는 공통점을 보인다. 따라서 양국이 공통으로 직면한 고령화에 대하여 경제력을 기반으로 하는 복지정책 등의 표면적인 대응책이 아니라, 양국의 종교적 신념에 기반하여 장기적 관점에서 건강한 고령사회, 또한 초고령사회를 이루는 원리를 도출한다면 각국의 고령화 대비는 물론 양국의 교류 및 관계 개선에도 효과적으로 활용될 수 있다.

한국과 중국의 가치관의 기반이 되는 유교, 불교 및 근대화 과정에서 새로이 영향력을 발휘하는 기독교는 양국의 사회현상을 조명하는 중요한 토대가 된다. 또한 변화무쌍한 현대사회의 급격한 흐름 속에서 정신적 기반을 분석함으로써 과거와 현재의 연결은 물론, 현재와 미래의 가교를 삼아 부드러운 이행을 가능하게 할 수 있다. 그러므로 유교, 불교, 기독교는 고령사회를 조명하는 한국과 중국 양국의 공통된 시각으로서 기능하는 중요한 관점이 된다.

고령사회의 삶과 죽음에 대한 이해

2장

한국과 중국의 고령화 현황

세계보건기구(WHO: World Health Organization, www.who.int)가 매 5년마다 시행하는 조사에 의하면 "국가별 기대수명"(Life expectancy by country)의 평균은 2015년말 현재 71.4세(여 73.8세, 남 69.1세)이다. 이는 2000년에 비하여 5년이 연장된 것으로서 우리나라는 기대수명이 81세(여 84.5세, 남 77.5세)로서 세계 26위에 해당한다. 1위는 86.5세의 모나코, 2위는 84.6세의 일본이며, 안도라(84.2세), 싱가폴(84세), 홍콩(83.8세), 호주(83세), 스웨덴(83세), 스위스(82.8세), 캐나다(82.5세), 프랑스(82.3세) 등이 뒤를 잇고 있다. 한편 중국은 74.2세, 러시아 70세, 그리고 북한은 69세를 기록하고 있다.

그러나 수명이 연장된 사실 자체로 단순히 기뻐할 수 없는 것은 건강한 신체와 풍요로운 정신으로 누리는 삶의 질이 더욱 중요하기 때문이다. 오늘날 한국과 중국 양국은 고령인구의 증가에 대처하는 데에 총력을 기울이고 있지만,

한국은 고령화 현상이 저출산과 맞물리며 경제활동인구의 감소로 인한 재정난이 가중되고 있고, 중국의 경우에는 아직 고령화에 대처할만한 소득수준과 사회보장 체계를 갖추지 못한 상황에서 급속히 고령화가 진행되고 있기 때문에 더욱 대책 마련이 시급하다. 현재 한, 중 양국은 경제발전의 수준에 따라 고령화에 대응하는 양상이 각기 다른데, 한국은 경제적인 지원과 정신적 돌봄을 동시에 진행하는 반면, 중국은 우선 재정적 지원에 중점을 두는 모습을 보인다.

1. 한국의 고령사회 진입과 도전

동북아 3개국 중에서 한국과 일본은 급속도로 고령화를 경험하고 있는 국가이고, 중국 역시 경제발전과 의료환경 개선 등으로 인하여 평균수명이 연장되고 있으며, 1980년대에 시행한 산아제한정책 때문에 총 인구에서 노인층이 차지하는 비중이 상대적으로 증가하여 지난 2001년에 이미 고령화사회에 진입하였다. 우리나라는 지난 2000년에 고령화사회에 진입하였고, 2017년에 고령사회에 진입하고, 2026년에는 초고령사회에 들어갈 것이라는 전망이 제시되었다(김승건, 2016). 그러나 통계청(www.kostat.go.kr) 자료에 의하면 2017년 말 65세 이상 노년층의 인구는 13.8%에 그쳤으며, 2018년 말에는 14.3%에 이르러서 고령사회에 접어들 것으로 예상하고 있다.

　우리나라의 고령인구 증가세는 매우 가파른데, 프랑스의 경우 고령화사회에서 초고령사회로 진행하는 데 155년이 소요되었고, 고령화 속도가 빠르다고 알려진 일본의 경우에도 36년이 소요될 것으로 추정되지만 우리나라의 경우에는 약 26년 만에 초고령사회에 이를 것으로 예상된다(최성훈, 2017a, 22; 권중돈, 2016, 28).[1]

　현대 사회에 있어서 사망률 하락보다 출생률 하락이 더 큰 문제가 되고 있다. 이는 노령인구를 부양하는 생산활동인구의 수가 점차 줄어드는 것을 의미하기 때문이다. 출생률 하락에 영향을 미치는 요소는 사망률 하락에 영향을 미치는 요소보다 훨씬 복잡하기 때문에 이는 인구 변화 연구의 중심을 차지한다(양판, 2017). 한국의 경우, 고용의 불안정성과 자녀양육의 부담 등으로 인하여 결혼 연령이 늦춰지고 있고, 혼인 이후에도 출산율이 저조하며, 중국은 "한 자녀 정책"과 같은 국가 주도의 산아제한으로 인하여 출생률이 낮은 수준에 머무르고 있는 실정이다.

　통계청의 "2017 고령자 통계"에 의하면 2016년말 현재 한국의 노년부양비[2]는 18.8명으로서 15~64세의 생산가능인구 5.3명이 고령자 1명을 부양하며, 노령화지수(Ageing index)[3]는 104.8로서 2005년의 48.6에 비해 12년 만에 두 배 이상으로 증가하였다. 통계청은 노년의 인구가 2030년에는 24.3%, 2040년 32.3%, 그리고 2060년에는 인구의 41.0%가 노령인구가 될 것이라는 전망을 내놓았다.

평균수명의 연장과 출산율 감소라는 기본적인 요인 외에도, 통계청의 "2016 인구주택총조사" 결과에 의하면 전체 인구의 14%를 초과하는 700여 만 명에 이르는 "베이비부머 세대"(baby boomer; 1955~1963년생)가 일시에 노년층으로 편입되어 가파른 고령화가 진행되고 있으며, 따라서 현재의 고령화 속도는 우리 사회가 경제적으로 감당하기 어려운 부담을 초래하고 있다.

2. 중국의 고령화 진전과 과제

중국은 고령화 속도가 한국만큼 빠른데, 일례로 2026년에 고령사회, 2036년에는 초고령사회로 진입할 예정이고, 인구 규모가 커서 각 연령층에 속한 인구자체가 많기 때문에 고령인구의 규모가 크며, 사회경제 수준이 비교적 낮은 상황에서 노령화 과정이 시작되었다는 특수성을 보인다(양판, 2017, 63). 한편, "중화인민공화국 노인권익보장법"에 의하면 중국에서 노인은 60세 이상 국민으로 규정된다(정기혜,

김용하, 이지현, 2012, 340).

중국 국무원이 2017년 1월 26일 발표한 "국가인구발전계획"(2016~2030)에 의하면 지난 2010년 제6차 전국인구조사 당시 중국의 60세 이상 인구는 전체의 13.3%였지만 2015년에는 16.1%로 증가하였고, 2030년에는 전체 인구의 25%에 달할 전망이다(중국전문가포럼, http://csf.kiep.go.kr). 반면 노령인구를 부양할 미래의 경제활동인구인 만 10~14세 인구는 2010년 16.61%에서 2030년에는 17.0%로 거의 제자리 걸음을 할 것으로 전망되며, 총 경제활동인구인 15~64세 인구가 줄어드는 것이 가파른데 일례로 경제활동 인구의 상당부분을 차지하는 15~44세 인구는 2010년 50.5%에서 2030년에는 절반 이하인 22.0%로 급격히 줄어들 것으로 전망된다(정기혜, 김용하, 이지현, 2012, 53). 따라서 향후 노령인구를 부양해야 할 젊은 세대의 부담은 점점 커지고 있다.

중국의 인구 변화는 의료기술의 발달, 위생의 개선 등으로 인하여 사망률이 하락하고 산업화와 도시집중을 거치며 출산율이 하락하는 등의 보편적인 모습을 보였던 유럽과 북미 선진국과는 다른 양상을 보이며 전개되었다. 국가 주도의 경제개방을 통한 급속한 산업화와는 별도로, 사회주의 정치체제를 기반으로 강력한 출산억제정책을 전개하여 사망률의 하락 및 출산율의 저하가 초고속으로 이루어졌기 때문이다. 예를 들면 1966~1976년의 문화대혁명 시기에 정치, 경제, 인구정책에 있어서 큰 충격과 혼란을 경험하면서도 방대한 인구 규모가 향후 사회경제적으로 심각한 부담을 초래할 것임을 인지하고 국가 주도의 인구통제정책을 전개하였다(양판, 2017).

그러나 그러한 정부의 개입과 통제에도 불구하고 중국은 가장 빠른 시일 내에 고령화를 경험하고 있는 국가이다. 미국과 유럽 각국은 물론 비교적 빠른 속도로 고령화를 경험한 한국과 일본과 비교해도 중국의 고령화는 가파르게 진행되고 있으며, 이는 상대적으로 취약한 중국의 사회경제 기초와 맞물리며 중국이 사회보장체계의 확보 및 보장 수준 등에 있어서 고령화에 대응하는 데에 불리한 여건으로 작용하고 있다.

따라서 중국 정부는 계획출생정책을 지속적으로 전개하며 적정 수준의 인구 규모 유지 및 고령화에 대비한 경제발전을 추구하고 있다. 2020년대 중반에 14억 명을 돌파할 것으로 예상되는 중국인구는 2050년 12억 5천만 명 수준을 유지할 것으로 예상되며, 같은 해에 65세 이상 노령인구의 비중은 3억 1천만 명 수준으로서 전체 인구의 25%를 차지하리라 예견된다(양판, 2017; 정기혜, 김용하, 이지현, 2012, 339).

개방으로 인한 도시화와 1978년부터 시행된 "한 자녀

정책"으로 인하여 전통적인 가족 형태가 붕괴되어 중국의 노인들은 더 이상 가족의 울타리 내에서 보살핌을 받기가 어려워졌다.[4] 이와 함께 급격한 고령화가 맞물리면서 국가가 노인들을 어떻게 부양할 수 있을 것인가라는 주제가 심각하게 부각되었는데, 무료로 제공되던 보건, 의료, 교육 등의 공공서비스가 개방의 물결을 타고 사라졌고, 도시와 농촌의 의료 및 요양시설의 수준차도 극심하기 때문이다.

또한 1990년대 국영기업에 의하여 제공되던 연금제도가 무너진 후 중국 지방정부의 재정지출 중에서 가장 큰 항목을 차지하게 된 것이 연금인데, 일례로 2009년 쓰촨성 지방정부의 재정지출에서 90%가 연금지출에 사용되었다(브라운, 2014, 242). 따라서 중국 정부는 고령화의 문제를 해결하기 위하여 빠른 시일 내에 강력한 사회보장제도를 마련해야 하지만 경제 규모에 비하여 부양해야 할 노령인구의 수가 너무 많은 점이 주된 부담의 요인이다.[5]

3. 한중 양국의 고령화 현황의 비교

한국과 중국 양국은 고령화가 매우 신속하게 진행된다는 점에서 공통점을 보이고 있으나, 경제개발의 수준과 정치의 형태가 상이함에 따라 고령화 대처에 있어서는 사안에 따라 조금씩 다른 모습을 보이고 있다. 고령사회를 맞아 양국 노인들이 공통적으로 겪는 문제의 근원은 인구통계학적 요인, 가족관계 요인, 사회문화적 요인, 경제적 요인, 건강과 심리의 요인 등이 복합적으로 작용한 결과이다(최성훈, 2017a, 25).

산업화, 도시화, 핵가족화와 함께 농촌 지역의 고령화가 심화되고 있고, 여성 취업기회가 증가하는 한편, 가족의 부양능력이 약화되었으며, 이로 인해 전통적인 효(孝)의 가치관이 변화하고 있는 점도 양국이 겪는 고령화 현상의 공통점이다. 고령화 가속으로 인해 노인의 질병과 건강문제도 점차 그 중요성이 더해가고 있다. 그러나 양국의 고령화 대책은 정치체제와 경제발전의 차이로 인하여 구체적인 적용에 있어서는 상이한 모습을 보인다.

1) 한국의 고령화 및 대책

보건복지부(www.mohw.go.kr) 및 오영희(2014, 31)에 의하면 우리나라 노인의 만성질환 유병률은 89.2%로서 65세 이상 고령자는 의사의 진단을 기준으로 평균 2.9개의 만성질환을 보유하고 있으며, 진단을 받지 않은 사례를 감안하면 노인의 만성질환 보유율은 이보다 훨씬 높을 것으로 추산

된다. 고령화의 진행, 의료기술의 발전으로 인한, 기대여명의 증가, 육류소비 증가와 같은 서구화된 생활습관 등으로 만성질환 유병률이 증가하고 있고, 이에 따른 개인과 사회의 부담이 급증하고 있다(정영호 외, 2013). 65세 이상의 인구 중에 만성 질환을 보유하지 않은 비율은 4.7%에 불과하며, 1개의 만성질환 보유율은 14.1%, 2개는 20.7%, 3개 이상을 보유한 복합만성질환자의 비율은 60.5%나 되었다(정영호 외, 2013, 85).

보건복지부의 자료에 의하면 2016년말 현재, 한국인의 기대여명은 남성 79.3세, 여성 85.4세로 평균 82.4세이나, 건강 수명은 64.9세에 불과하여 17.5년의 격차가 발생한다. 이는 17년 이상을 질병을 안고 보내야 한다는 뜻으로 의료비 지출부담 및 간병인력, 복지 시설 부족 등이 점차 중요한 문제로 대두되고 있으며, 장기보호를 요하는 중증 장애 노령 인구가 증가함에 따라 대책 마련이 시급한 실정이다.

노령인구가 증가함에 따라 치매 노인의 수도 급증하고 있는데 보건복지부에 의하면 2017년 현재 65세 이상 노인인구 중 치매 환자는 72만 5천 명(유병률 10.2%)으로 추산되며, 2024년에 100만 명, 2041년에는 200만 명을 넘어 2050년에는 271만 명(유병률 15.1%)에 이를 것이라는 전망이다. 이와 관련하여 치매 환자 1인당 관리비용은 2015년에 2천만 원 수준인데, 전체 치매 환자에게 소요되는 비용은 국내총생산(GDP)의 0.9% 가량인 13조 2천억 원이었다. 그러나 2050년에는 이 비용이 1인당 3천 9백만 원, 전체 비용은 GDP의 3.8%에 달하는 106조 5천억 원까지 증가할 것으로 예상된다.

평균수명의 연장 및 고령 인구의 증가와 더불어 기능장애 노령인구도 가파르게 증가하였는데, 일반인의 경우 고령화와 저출산으로 인해 유소년층이 얇고 중, 장년층이 두터운 방추형의 형태를 보이는 데 비하여 장애인구는 유소년층의 비율이 현저히 낮고 고령인구가 월등히 많은 역피라미드 형태를 띠고 있기 때문에 사회복지의 주요 대상이 된다(황주희 외, 2014, 169~172).

또한 신체적 질병뿐만 아니라 한국 사회의 노인 문제는 역할 상실등의 심리적 문제를 포함하는데, 은퇴로 인해 제도적 역할이 종료됨에 따라 직장, 사회 활동 등 2차 집단 관련 역할이 약화되고 가족, 친구, 이웃 중심의 1차 집단 관련 역할이 강화되는데, 이에 따라 고독 및 소외의 문제가 대두되고 있다(최성훈, 2017a, 26~27). 보건복지부의 "2014 노인실태조사" 자료에 의하면 우리나라 노년 인구의 33.1%가 우울증 증상을 보이고 있으며, 연령이 높을수록, 소득이 낮을수록, 그리고 여성일수록 우울증 증상의 경험 빈도가 높았다.

현재 한국 사회의 노인 문제의 핵심은 경제문제로서 1988년에 도입된 국민연금제도가 미성숙하여 노인의 경제적 빈곤을 해결할 수 있는 방안은 매우 제한적이다. 저출산과 고령화로 인하여 노령인구를 부양할 경제활동인구가 축소되고 있으며, 가족의 부양기능 저하로 인하여 더욱 그 대책 마련이 시급하다. 따라서 정부는 우선 정년퇴직의 연령을 연장하는 조치를 취했는데 기존에는 기업의 정년이 55세였으나 300인 이상의 사업장은 2016년부터, 300인 이하의 사업장은 2017년부터 60세로 연장하였다. 향후 임금피크제와 퇴직연령을 연계하여 기본적인 건강을 유지할 경우 더 오래 근무할 수 있는 여건을 마련하고 관련제도를 정비할 것이 요청된다.

우리나라는 1992년 7월에 고령자 고용촉진법을 제정하였으나 수년 후 발생한 IMF 구제금융 위기가 발생하여 대량실업으로 인한 재취업교육이 청, 장년층에 초점을 맞추게 되며, 고령 실직자들의 취업교육을 등한시하게 되었다. 우리나라의 고령자 직업훈련의 중심에는 한국산업인력공단과 지역사회 복지관이 있는데, 고령자를 인적자원으로 활용하기 위한 장기적 차원의 교육훈련보다는 취업과 직접적으로 연관된 부분에 중점을 두는 한계를 드러내고 있으며, 외적으로 드러나는 제도적 정비도 중요하지만 이면에 자리잡은 고령 인구에 대한 사회적 편견을 극복하는 것도 중요한 과제이다(최성훈, 2017a, 30).

2) 중국의 고령화 및 대책[6]

중국 인구 변화의 3대 특징은 유소년형 사회에서 고령화 사회로의 변화, 농업형 사회에서 현대적 도시형 사회로의 변화, 그리고 토지와 가족에 의존하는 정지형 사회에서 인구 이동이 왕성한 유동형 사회로의 변화이다(정기혜, 김용하, 이지현, 2012, 55). 또한 고령화에 있어서도 농촌의 고령화가 도시의 고령화보다 빠르게 진행되고, 같은 도시 중에서도 경제가 발달한 지역의 고령화가 더욱 빠르며, 고령화를 경험하는 다른 국가들에 비하여 중국의 1인당 국민소득이 매우 낮다는 특징을 보인다(정기혜, 김용하, 이지현, 2012, 341).

더욱 불리한 점은 문화대혁명 이후 시장경제의 도입과 계획경제의 후퇴는 중국 정부가 보장하는 사회복지와 의료서비스의 사실상 붕괴를 초래하여 노인에 대한 모든 부담을 가족들이 지게 되는 결과를 초래하였다는 사실이다(이이지마 와타루, 사와다 유카리, 2014, 15).

양로보험이라 불리는 중국의 기업노동자의 퇴직연금제도는 1951년 "중화인민공화국 노동보험조례"에 의하여 시작되었는데 남성은 60세, 근무년한 25년, 여성은 50세, 근무년한 20년의 조건을 충족하면 퇴직양로금(연금)을 수령할 수 있게 되어 있었다(오정수, 2006, 55). 그러나 1966년부터 문화대혁명을 거치며 기존의 제도를 운영하기는 불가능하였고, 1978년 이후 경제개혁과 동시에 인구고령화가 시작되며 계획경제 시대에 만들어진 기존 연금제도는 부적절한 것으로 판명되어 국영기업 및 노동보험의 개혁을 거치게 되었다.

1985년 이후 중국 정부는 인구고령화 위협에 대처하기 위하여 새로운 연금제도를 도입하기 위한 노력을 경주하였고, 농촌 지역의 노령층을 위해서는 기존의 도시 양로보험 제도와 함께 농촌 양로보험의 건립을 추진하였다. 따라서 국무원이 1986년 7월에 반포한 "국영기업 노동계약제 실시 임시시행방안", 1991년 6월 반포한 "기업직원 양로보험제도 개혁에 관한 결정", 그리고 1993년 10월 반포한 "기업직원의 기본양로보험 사회통합기금에 관한 비준"을 끝으로 전국적인 기업직원 기본양로보험의 사회통합기금이 완성됨으로써 중국의 양로보험은 기본적인 골격을 갖추었다(정기혜, 김용하, 이지현, 2012, 167~168).

중국 내 노인들의 생활원천은 기본연금보험과 기타 개인저축, 투자수입 및 보충성 양로보험인데, 기본연금보험의

보장 범위가 미약하므로 보충연금보험을 강화하고 있지만 보장수준이 낮은 편이고 규범화되어 있지 않아서 그 효과는 미미한 수준에 그치고 있다. 따라서 2001년 구 대형 국유기업이 많아서 중앙 정부의 부담이 큰 랴오닝 성을 대상으로 기존에 고용주(기업)가 부담하던 보험료 납부를 정부와 종업원이 함께 분담하는 것으로 개혁하였고, 부과 방식에서 적립방식으로 변경하였다(이이지마 와타루, 사와다 유카리, 2014, 130).

2004년에는 지린성과 헤이룽장성에서, 그리고 2006년부터는 톈진, 상하이, 산시, 산둥, 허난, 후베이, 후난, 신장에서 새로운 기초연금 방식을 도입하였는데, 현지의 평균수명에 연동하여 운영하는 것이 특징이다. 그러나 고령화의 진전에 따라 연금 급부액의 부담이 증가하는 문제는 여전히 남아있다.

중국의 의료보장은 도시 의료보장과 농촌 의료보장으로 나뉘는데 도시와 농촌 간 불평등은 사회복지의 모든 부문에서 뚜렷하게 나타나고 있으며, 도시주민 중에서도 의료보험의 혜택을 받지 못하는 인구는 절반에 가까운 수준을 보이는 등, 아직 의료보장의 수준은 미흡하다(오정수, 2006, 98~99).

특히 인구구조의 노령화로 인하여 노인병 등 만성질환

의 증가와 의료 서비스에 대한 기대증가로 인하여 의료비용이 급격하게 증가하고 있으며, 도시화와 핵가족화로 인하여 전통적인 가족 구조가 붕괴됨으로써 가정 내에서 노령층을 부양하기가 어려워졌기 때문에 이러한 문제는 가중되고 있다. 또한 신체건강과 더불어 정신건강의 문제가 함께 조명되어야 하는데, 도시와 농촌의 사회보장 격차는 이러한 문제를 가중시키고 있다. 일례로 농촌 지역에서의 자살률이 도시 지역 자살률의 4배에 달하는데, 과도한 노동과 농약 등에 대한 용이한 접근성이 주요 원인으로 지적된다(이이지마 와타루, 사와다 유카리, 2014, 114).

고령사회의 삶과 죽음에 대한 이해

3장

삶과 죽음에 대한 종교적 이해

 종교적인 차원에서 삶과 죽음은 연결되어 있다. 삶의 의미에 대한 인식은 죽음에 대한 명확한 선(先) 이해를 기반으로 하기 때문이다. 삶의 윤리에 있어서 불교는 자비(慈悲), 유교는 인(仁), 그리고 기독교는 사랑(愛)을 핵심적인 가치로 강조한다. 그러한 가치들은 삶과 죽음에 대한 복합적인 이해에 뿌리를 내리고 있다.

 일례로 불교의 자비는 삶과 죽음을 초월하는 해탈을 지향하는 보편적인 불심(佛心)의 존재를 인정하는 데에 기인한 것으로서 이는 타인에게 베푸는 중생연자비(衆生緣慈悲), 만유의 법이 오온(伍蘊)이 가(假)로 화합한 것임을 알고 물심(物心)의 본체가 공(空)임을 깨달아 번뇌를 극복한 성자가 가지는 법연자비(法緣慈悲), 그리고 모든 법의 실상을 아는 부처가 소유한 무연자비(無緣慈悲)로 나아간다(이훈구, 2005, 96). 유교는 삶과 죽음의 양자를 현세에 대한 충실한 삶을 통해 통합하며, 기독교 역시 그리스도를 통한 구원의 의미란 내세는 물론 현세에도 하나님의 나라가 임하도록 하는 것임을 강조하며 삶과 죽음을 통전적으로 조명하고 있다.

각 종교들을 다룸에 있어서 한국과 중국의 유교와 불교는 도교, 민간신앙과 더불어 융합되어 전개된 측면이 강하고, 기독교 역시 유교, 불교 등 전통적인 지배종교의 가치관, 민간신앙 등과 합쳐져서 토착화된 모습을 보인다는 측면을 간과해서는 안 될 것이다.

중국의 예를 들면, 유교는 현세를 중심으로 인과를 설명하고, 부자관계와 군신관계 등 타자와의 관계를 통해 이를 논의하지만, 불교는 전생(前生), 금생 (今生), 내생(來生)의 삼세응보설(三世應報說)을 통해 과거의 선악이라는 업인이 현재와 미래의 삶을 결정하는 것이라고 주장하며 차별화된 모습을 보였다. 이는 인간의 생사화복은 현세의 행업뿐만 아니라 전세의 업인이 더해져서 결정된다는 것이며, 따라서 불교는 절대적인 신의 존재를 인정하지 않는다.

불교가 대중화되면서 이러한 업과 윤회사상은 현세를 중시하는 유교 전통에 익숙한 중국인들에게 이처럼 즐거운 인간 사회에 다시 태어날 수 있다는 희망을 제공하며 공덕 쌓기를 강조하는 밑거름이 되었다. 이는 남북조 시대에 이르러 모든 종류의 지옥경전을 소개함으로써 죽음 이후에 지옥에 떨어질 수 있다는 공포를 통해 사람들을 규율하는 사회 윤리적 각성을 통해 유교의 충효 윤리를 보완하였다(차차석, 2007, 246~251).

의학적 견지에서 죽음에 대한 전통적인 견해는 심폐기능의 소실이 확인된 이후 생명유지를 위한 기능회복의 가능성이 사라진 생물학적인 현상을 의미한다. 이러한 기능소실과 회복의 비가역성을 중심으로 1968년 8월 하버드 의과대학(Harvard Medical School)에서 죽음을 정의하는 다섯 가지 생물학적 기준을 제시한 이후, 1971년 미네소타대학(University of Minnesota), 1972년 코넬대학(Cornell University) 등에서도 비슷한 기준을 제기하였다.

그러나 심폐기능정지는 심폐소생술의 발달과 더불어 비가역성이 흔들리게 되었고, 이를 대체하여 뇌기능 상실이 최종적인 판정기준으로 등장하기 시작하였다. 따라서 1971년 핀란드는 세계 최초로 뇌사를 죽음의 판단기준으로 정하였고, 1970년대에 들어서 스웨덴, 노르웨이, 영국 등 유럽의 각국, 1985년 캐나다와 대만 등이 뇌사를 죽음을 인정하는 조건으로 받아들였다.

그러나 죽음에 대한 종교적 견해는 의학적 또는 생물학적 견해와는 사뭇 다르다. 또한 인간은 통합적인 존재이기 때문에 단순히 경제적인 측면에서만 고령화에 대처하는 것은 미흡하다.

따라서 정신적이고 영적인 측면을 고려하여 통전적인 대책을 마련할 것이 요구되는데, 이를 위해서는 유교, 불교, 기독교의 영향을 공통적으로 받은 한국과 중국 양국의 현세관과 내세관, 그리고 죽음 인식을 통해 고령화에 다차원적으로 대처하는 것이 필요하다. 유교의 인(仁), 의(義), 예(禮), 지(智), 신(信)을 바탕으로 하는 현세적이며 공동체적 관점, 불교의 윤회적 사고, 기독교의 영원한 생명과 하나님 나라라는 관계 중심의 구속적 관점을 통해 한국과 중국 양국의 가치관 형성에 영향을 끼친 세 종교가 인식하는 삶과 죽음에 대한 이해는 그러한 대책 마련에 필요한 지침을 제공할 것이다.

1. 유교의 현세적 관점

유교의 현실주의적 가치관은 인의(仁義)를 통한 덕치(德治)와 정치교화를 강조하였다. 특히 중국사회는 유학 전통에 입각한 사대부 계층에 의해 조직되었고, 천인합일(天人合一)을 중심으로 인간관계의 통합과 자연만물과의 조화를 강조하였다. 유교는 실용주의적이고 현세적인 가르침의 전제로서 신의 존재를 인정하지 않았기 때문에, 유신론적 의미의 제도적 종교가 아니라 종교적 특성을 지닌 정치사회적 학설에 가깝다(양경곤, 2011, 65-66).

그러나 현세적이고 이성을 강조한 철학으로서 신의 존재 및 초자연적 요소에 대하여 불가지론의 입장을 견지한 유교는 결코 그러한 요소들을 부인하지는 않음으로써 종교성을 잃지 않았다. 유가사상에 반영된 종교성은 오히려 유교가 신성시되는 기초를 제공하였고, 그로 인하여 2천 년 동안 중국의 정치와 사회의 지배이념으로서 확고한 지위를 누리는 기반이 되었으며, 우리나라에서도 조선왕조 5백여 년 동안 정신적 기반을 형성하였다.

1) 유교의 태동 및 전래

유교는 중국에서 태동하였는데, 유교의 가르침인 유학은 무속신앙이 성행하던 시대에 시작되어 다양한 종교의 가르침을 흡수하며 일종의 신앙처럼 중국 사회에서 자리잡기 시작하였다. 고대 중국은 애니미즘으로 인하여 해, 달, 산, 강 등의 자연을 신으로 숭배하다가 자연만물과 인간, 그리고 다른 신들을 지배하는 최고신인 상제(上帝)에 대한 신앙을 형성하였다. 점차 통치자의 정당성은 상제에 의해 결정된다고 믿었기 때문에 그의 뜻을 알기 위한 방법을 연구했는데, 고대 중국인들은 갑골문에 나타나는 점복(占卜)을 통해 상제의 뜻을 알 수 있다고 믿었다(최영진, 2002, 16).

당시 중국인들은 죽은 조상들이 조상신이 되어 여전히 살아있는 사람들과 함께 깊은 관계를 갖는다고 믿어 조상신들을 만족시켜서 그 대가로 복을 받기 위하여 조상숭배를 극진히 하였다(추 차이, 윈버거 차이, 2011, 45). 주(周)나라[1] 시대에 이르러는 상제의 관념이 하늘(天)의 개념으로 바뀌기 시작하였고, 하늘은 지상의 군주를 지명하여 그로 하여금 통치하도록 하는 천명(天命)을 내리며, 그러한 천명을 받는 자는 덕(德)이 있는 자라고 믿었다.

(1) 유교의 태동과 발전

유교의 토대를 마련한 공자(孔子, B.C. 551~479)는 주나라가 무너지고 군웅이 할거한 중국의 춘추 시대(B.C. 722~403)에 노(魯)나라에서 태어나 전국을 다니며 제자를 양성하고 시경(詩經), 서경(書經), 예기(禮記), 악기(樂記), 역경(易經), 춘추(春秋)의 육경(六經)을 편찬하는 데에 생애를 바쳤다.

공자는 군주가 천명을 유지하기 위해서는 제의보다는 인간의 윤리적 노력이 더욱 중요함을 강조하며 현세적 삶의 윤리에 초점을 두었다. 그는 초월적인 하늘을 완전히 부정하지는 않았지만 강조점을 인간의 윤리와 내재성에 두어 이 세상에서 이상사회를 건설하는 현세적 관심을 피력하였던 것이다. 한편, 공자의 뒤를 이어 전국 시대에 활동했던 순자(荀子, B.C. 298~238)는 하늘을 인간사와 아무런 관계가 없는 자연 현상으로 폄하하는 무신론적 관점까지 보이는 급진적인 견해를 피력하기도 하였다.

한(漢)나라 시대 초기에는 초자연적 세계에 대한 관심이 급증하여 동중서(董仲舒, B.C. 176~104)는 자연 재해란 인간의 부도덕성에 대한 하늘의 경고라고 주장하였다. 특히 한 무제(武帝) 때에는 유가의 학술이 통치 권력과 결부하며 국가 운영의 이론적 토대를 제공하면서 유학은 자연스럽게 민족문제와 역사적 정통성을 강조하며 국가의 힘으로 장려되고 강조되기 시작하였다(박치정, 2017, 20~21).

한대(漢代)에는 유교 경전을 훈고적으로 해석하였는데, 당대(唐代)에 이르러 안사의 난 등 혼란을 겪으면서 훈고적 해석에 머문 것을 반성하며 불교가 정립한 경율론(經律論)을 받아들여서 철학적 해석을 시도하였는데, 이것이 북송대(北宋代)의 성리학(性理學)과 남송(南宋) 시대의 주자학(朱子學)으로 이어졌다.

송대(宋代)에 이르러 불교와 도교의 영향으로 인하여 유학자들이 우주와 인간의 기원을 형이상학적으로 설명하려고 하였는데, 이는 상제(上帝)나 천(天)과 같은 초월적 존재가 아니라 우주와 자연 속에서 작용하는 내재적 원리를 제시하고자 한 것이다. 이때에 등장한 사조를 성리학(性理學) 또는 신유학(新儒學)이라 하는데 주돈이, 정명도, 정이천, 주희 등이 대표적인 인물들이다.

주돈이는 우주와 인간의 기원을 무극(無極)이면서 태극(太極)인 힘이 작용하여 음(陰)과 양(陽)을 낳고, 음양(陰陽)의 결합으로 인하여 인간과 만물이 생성된다고 주장하였다. 정명도와 정이천 형제는 만물에 내재하는 원리인 이(理)와 원료 또는 물질인 기(氣)에 작용한다고 보았는데, 주희는 이를 완성하여 "이기론"(理氣論)을 확립하였다. 이(理)란 형이상학적 존재로서 우주적 이성이고, 기(氣)는 형이학적 존재로서 물질이며, 태극은 범신론(汎神論)적 신(神)에 해당한다. 남송(南宋) 시대의 성리학은 주희가 집대성하였다고 하여 "주자학"(朱子學)이라고 칭하기도 한다.

주자학을 이념적 토대로 삼았던 명대(明代)에는 주자학이 갖는 이기론적을 중심으로 하는 신분적 차별에 반발하여 자유와 평등 의식을 바탕으로 실천을 강조하는 양명학(陽明學)이 등장하였다. 또한 여진족이 일으킨 청(淸)나라가 중원을 차지하며, 진리의 발견에 대한 비판의식이 일어나 구체적인 증거를 강조하는 고증학(考證學)이 등장하였는데 이는 시대의 변화에 대응하는 유교의 자기혁신이었다.

청말(淸末)에 이르러 아편전쟁의 패배 및 전래된 서양의 선진문물은 중국 사회에 충격으로 다가왔다. 따라서 서양의 것을 배우자는 양무(洋務) 운동과 함께, 중국의 것으로 중심을 유지하며 서양의 문물을 도구적으로 받아들여서 부국강병을 이루자는 중체서용(中體西用)이 일어나 유학의 권위에 대항하는 논쟁으로 비약하였다.

한편 유교의 천명신앙은 과거 제도의 발전을 촉진함으로써 신분 상승의 기대를 유발하여 삶을 보다 진취적으로 바라보게 하였다. 이는 합격자들에게는 천명의 혜택을 받았다며 관직을 신성시하여 통치의 정당성을 부여하는 한편, 관련한 검사관의 부정과 부패 등 제도적 폐단 등으로 인하여 실패했을 경우에도 이의를 제기하지 않고 겸허한 마음으로 결과를 수용하도록 하는 압력으로 작용하였다(양경곤, 2011, 394~396).

또한 유교는 음양오행설(陰陽伍行說)[2]에서 시작한 풍수지리설과 점성술을 활용하여 백성들의 심리적 안정을 도모하였고, 대승불교의 구세사상(救世思想)을 받아들여 현세의 고통을 이겨내도록 독려하였다. 불확실성으로 가득 찬 현세에서 초자연적 도움을 얻으려는 희망과 초자연적 징벌에 대한 두려움을 통해 안정된 친족 체계에 의존하도록 함으로써 유가 사회의 기반을 다졌던 것이다.

앞서 설명한 바와 같이 청대(淸代)에 이르러 유학자들은 한나라 시대의 유학으로 돌아가자고 주장하며 경전의 고증을 바탕으로 실용적인 경향을 보이기 시작하였다. 그러나 청나라 말기에 접어들며 서양의 제국주의 침략으로 인하여 국가가 위기에 처하면서 이에 대한 책임론으로 인하여 유학도 함께 위기를 맞이하게 되었다.

(2) 유교의 한국 전래

유교가 우리나라에 언제 전래되었는지는 명확히 알려져 있지 않지만 대체로 불교가 중국을 통해 전래되었으므로 불교가 전래되던 시기에 함께 전파되었을 것으로 추정한다. 백제는 285년에 왕인을 일본에 보내어 논어와 천자문을 전했고, 고구려는 소수림왕 2년인 372년에 태학(太學)이 설립되었기 때문이다(이훈구, 2005, 135). 신라는 백제, 고구려보다 불교를 늦게 받아들였던 것과 같이 유교의 수용 역시 더딘 모습을 보여 신문왕 2년인 682년에야 국학(國學)을 세워 유교를 가르쳤다.

고려의 태조는 즉위 후 6년에 12목의 경학박사(經學博士)를 두어 유교를 장려하였고, 성종 11년인 992년에는 개경에 국자감(國子監)을 두어 유교 경전을 가르쳤으며, 13~14세기에 들어서 충렬왕은 국자감을 성균감(成均監)으로 바꾸고,

뒤이은 충선왕은 이를 성균관(成均館)으로 개칭하며 유교를 지원하고 장려하였다.

고려 시대에 도입된 성리학은 조선에 이르러는 주자학으로 발전하였고, 이는 불교를 억제하며 조선의 지배사상으로 자리잡았다. 태조 이성계가 문묘(文廟)를 설치한 것을 시작으로 세종은 집현전(集賢殿)을 설립하여 경전의 연구 및 국왕의 자문 기능을 담당케 하였다.

그러나 유교에 대한 집착은 지나친 사대주의(事大主義)와 당쟁의 원인이 되었는데, 주자학이 교조화되며 이를 전파한 중국에 대하여 사대(事大)하고, 몽골, 일본, 여진, 거란 등의 국가들에 대하여는 교린(交隣)하였다. 따라서 중국의 황제를 천자(天子)로 숭배하며 매년 네 차례에 걸쳐 사신[3]을 보내었고, 왕이나 왕비, 왕세자를 정할 때에는 중국 황제의 책봉을 받도록 하였다. 다른 한편으로는 이웃 나라들을 오랑캐로 폄하하여 병자호란 등의 국란을 자초하였다.

조선 시대의 당쟁에 대하여 일제 시대의 학자들은 그것이 고질적인 한 민족의 병폐라고 쏘아 붙이며, 조선인들을 일본 왕의 신민으로 편입하여 보살펴주어야 한다는 궤변을 늘어놓았다. 그러나 유학을 교조화한 것이 문제이지, 민족성 자체가 당파 싸움을 일삼은 것은 아니었다. 생각이 다른 이들이 함께 모여 정치 세력을 형성하는 것은 민주주의 발전과정에서 자연스럽게 나타나는 현상이기 때문이다.

고려말 신진사대부들은 불교와 도교, 민속신앙을 신봉하는 세력을 견제하기 위하여 유교적 이념을 강조하는 통치체제 확립에 심혈을 기울였다. 16세기에 들어서 한성(서울)을 중심으로 하는 조선 개국공신들이 주축인 기호계는 훈구 세력으로서 기호학파를 이루었고, 조선왕조에 들어서 사족으로 편입된 지방 토착 양반들은 영남 지방을 중심으로 사림파를 이루어 훈구파와 대결하며 네 번에 걸친 사화를 겪었다.

훈구파는 소수이고, 더 연로했기 때문에 성리학 연구에서도 신진 사림파들에게 밀리기 시작하였고, 선조 때에 이르러는 훈구가 사림으로 전향한 전향사림파가 늘어났다. 사림파가 집권하자 이번에는 사림파가 자체적으로 분열하여 영남학파와 기호학파로 나뉘어 당쟁이 치열해졌다. 영남학파는 성리학의 이기론에서 이(理), 즉 원리를 강조하는 주리론(主理論)을 주장하였는데, 이 가운데에도 이론을 강조하는 퇴계 이황과 그 추종자들은 남인을 이루었고, 실천을 강조하는 남명 조식은 북인의 세력을 형성하였다.

영남학파에 맞서는 기호학파는 기(氣)를 강조하는 주기론(主氣論)을 주장하였는데, 율곡 이이를 중심으로 하는 노론과 우계 성혼을 따르는 소론으로 나뉘었다(이성무, 2016).

당쟁이 가열되며 유학은 오히려 더욱 경직되었고, 조선 말기에는 탁상공론을 일삼다가 급기야 일제에 나라를 빼앗기는 아픔을 겪게 되었다.

17~18세기에 이르러 주자학 지상주의에 반대하여 새로운 서학사상을 수용한 것이 실학(實學)인데 소론은 양명학(陽明學)을, 노론의 소외 세력은 북학론(北學論)을, 그리고 남인은 서학(西學)을 주장하며 교조화된 주자학에 맞섰다(이성무, 2016, 17). 이후 김옥균, 박영효 등은 개화를 주장하며 갑신정변을 일으켰고, 일제의 강점을 당하며 신채호와 같은 민족주의자들은 구태의연한 유교 전통을 버려야 한다고 주장하였다.

한편 국사학자 이성무(2016)는 당쟁의 유산을 평가하며 고려가 삼국 시대를 정리한 『삼국사기』, 조선이 고려 시대를 정리한 『고려사』처럼 조선 시대를 정리해야 했지만 일제의 강점으로 인하여 그러한 기회를 박탈당했고, 해방 이후 남북이 분단의 아픔을 겪으며 조선 시대의 역사와 문화를 재정리할 틈을 잃었다고 지적하였다.[4]

2) 유교의 주요교리

유교 윤리의 핵심은 인(仁)으로서 이는 공자가 본 완성된 인격의 특성이다. 인(仁)은 효(孝)에서 출발하며, 인의 구체적인 실천은 예(禮)를 통해 드러난다(김형찬, 1999, 23). 인간을 하늘과 땅의 중간에서 양자를 매개시키는 가장 이성적인 존엄한 존재로 여긴 유교는 인간관계를 매우 중시하였다(예기, 예운편, 6). 그러한 관계의 기본은 자녀의 부모에 대한 효(孝)이며, 효란 덕(德)과 인(仁)을 근본으로 하는 부모의 은혜와 사랑에 대한 자연스러운 감정이다. 효경(孝經)에서는 효는 덕의 근본이요, 가르침이 생겨나는 근본으로서(효경, 개종명의장 제1편) 효로써 임금을 섬기면 충(忠)이 되고, 공경하는 마음으로 윗사람을 섬기면 그것이 순(順)이 된다고 하며 (효경, 사장 제5편) 효의 근본적 원리를 강조하였다.

오상(伍常)과 삼강오륜(三綱伍倫)[5]은 유교 윤리를 구체적으로 표현한 것인데, 오상이란 인(仁), 의(義), 예(禮), 지(智), 신(信)의 다섯 가지 덕목이고, 삼강은 군위신강(君爲臣綱), 부위자강(父爲子綱), 부위부강(夫爲婦綱), 오륜은 부자유친(父子有親), 군신유의(君臣有義), 부부유별(夫婦有別), 장유유서(長幼有序), 붕우유신(朋友有信)을 뜻한다.

이외에도 주희가 편집하고 해석한 대학(大學)에서 강조하는 삼강령(三綱領)과 팔조목(八條目)[6]의 윤리가 있는데, 이는 원래 예기(禮記)에 포함되어 있던 부분이지만 송대에 성리학이 확립되면서 이 가운데 제42편은 대학(大學)으로, 제

31편은 중용(中庸)으로 분리되어 떨어져 나온 것이다.

유교의 인간과 자연에 대한 주요교리를 시대별 발전단계를 중심으로 살펴보면 다음과 같다.

고대 중국인들은 천(天) 숭배사상에 의거하여 자연이란 인간의 도덕성, 특히 군주의 도덕성에 의해 달라진다고 여겼으나, 공자 자신은 자연에 대하여 별로 언급하지 않고 인간 세계에만 관심을 보였다. 공자의 뒤를 이은 순자는 객관적으로 드러나는 현실을 합리적으로 조명하는 현대의 과학적 자연관과 흡사한 모습을 보였다. 한나라 시대에 동중서는 다시 주술적 자연관으로 돌아가서 사람의 부도덕성이 천지의 운행에 이상을 일으켜 재앙이 찾아온다고 믿었다.

뒤이은 성리학은 천지만물에 이(理)라는 질서가 내재되어 있고, 자연 세계는 기(氣)라는 질료로 이루어져 있다고 주장했다. 그러나 이기설은 우주와 인간에 대한 합리적인 설명이지만 형이상학적 개념이므로 인간이 오감을 통해 경험할 수 없기 때문에 공허하였으며, 경험론적 과학과 연결되지 못하는 한계를 드러내었다.

고대 은(殷)나라 시대에 인간은 상제의 피조물로 여겨졌으나 주(周)나라 때에 이르러는 천(天)은 절대자라기보다는 존재와 도덕의 측면에서 질서의 부여자로서 받아들여졌기 때문에 천을 섬기는 것보다 도덕적으로 사는 것이 더 중요시되었다. 한편 공자는 초월적 세계에는 별다른 관심이 없었으며 자연세계의 내재성, 인격의 완성, 그리고 도덕적 세계의 실현에만 관심이 있었다. 공자의 제자 자공은 공자가 여러 가지 가르침을 말하였으나 성(性)과 천도(天道)에 대하여 말하는 것을 들을 수 없었다고 말함으로써 공자의 인본주의적 견해를 드러내었다(논어, 제5편, 공야장 12).

유교는 성악설(性惡說)을 주장한 순자의 예를 제외하면 대체적으로 인간의 본성을 긍정적으로 보았다. 이는 단순한 성선설(性善說)이 아니라 인간 본성 가운데 있는 도덕적 본성이 수양을 위한 노력을 통해 발현됨을 뜻하는 것이다. 따라서 공자는 인(仁)이 멀리 있는 것이 아니라 인을 실천하고자 한다면 곧 다가오는 것이라고 설명하였다(논어, 제7편 술이 29). 공자는 군자가 덕을 추구하는데 비하여 소인은 편히 머물 곳이나 배를 불릴 것만 생각한다고 양자를 구별하며 인간이 선(善)을 이루기 위해 보유한 자유의지와 도덕적 잠재력을 긍정적으로 평가한 것이다(논어, 제1편 학이 14; 논어, 제7편 술이 15).

따라서 그는 삶과 죽음은 천명(天命)에 달린 것이라며 죽음 이후의 일보다 현세의 일에 관심을 가질 것을 강조하였다. 공자의 뒤를 이은 맹자는 인간의 본성이 선하다는 것을 더욱 강조하였다. 사람은 누구나 인(仁), 의(義), 예(禮), 지

(智)라는 네 가지 덕목을 보유하기 때문에 모든 사람은 노력 여부에 따라서 요임금과 순임금처럼 될 수 있다고 주장한 것이다(맹자, 등문공상 1).

인간의 이성과 양심을 강조한 맹자와 달리 순자는 인간의 본성 가운데 본능적 욕망과 이기심을 강조하였다. 그는 "만인의 만인을 위한 투쟁"을 자연상태의 인간 세계로 묘사한 영국의 철학자 토마스 홉스(Thomas Hobbs, 1651)처럼 자연상태의 인간은 미개하며 악한 본성에 의해 좌우되므로 강압적인 교육을 통해 이를 바로잡아야 한다고 생각하였다(순자, 제23편 성악 7). 그러나 순자의 인간 이해는 전국 시대의 극도로 혼란하고 무질서했던 사회상에서 태동한 것이라는 사실을 간과해서는 안 될 것이며, 오히려 그의 사상은 유교권 내에서 이단적인 사상으로 간주되어 맹자의 사상이 이를 대신하여 정통사상으로서 후세로 전수되었다(이재율, 2013, 43).

3) 삶과 죽음에 대한 현세 중심의 이해

유가사상의 기본 전제는 인간이 사회 질서를 조정할 책임을 지닌 존재라는 것이다. 다시 말하면 인간 스스로가 자신이 속해 있는 우주의 질서에 순응해야 화합에 이르고 행복을 얻을 수 있다는 것이다(양경곤, 2011, 371). 농민들은 예측과 극복이 어려운 자연과 맞서야 하기 때문에 인간의 힘으로 제어할 수 없는 대자연과 관련된 기능신을 숭배하며 초자연적 요소를 긍정하고, 어민들의 경우에도 항해와 관련한 위험으로 인해 미신을 쉽게 숭배하는 경향이 있다.

그러나 사회적으로 안정된 신분을 향유하는 유학자들의 경우에는 교육의 기회 및 기득권을 확보할 수 있는 가능성으로 인하여 미신을 신봉할 확률이 현저히 저하된다. 이는 문화대혁명 시기에 미신을 타파하고 공산주의 이념을 국가의 통치 이념으로 고착시킨 현 중국의 위정자들에 대하여도 동일하게 적용되는 것으로서 인본주의적 이성이 그 중심을 차지한다.

유교적 가르침의 초석을 놓았던 공자는 죽음이라는 주제에 대하여 명확한 견해를 제시하지 않고, 삶의 문제에 중심을 두었다. 그러나 공자는 천명(天命)을 알고, 천명에 따르는 것이 군자의 도리라 주장하며 죽음 자체도 천명으로 받아들여서 사람이 어떻게 할 수 없는 영역으로 간주하였다. (논어, 제18편 술이 29).

일례로 공자는 제자인 백우의 병상에 들러 그의 임종이 임박했음을 깨닫고 그의 손을 잡고 "이제 죽으니 운명이로구나, 이런 사람이 병에 걸리다니" 하고 탄식하며 죽음이란 하늘이 정한 일로서 인력(人力)으로 어찌할 수 없는 것이라는 자신의 생각을 드러내었다(논어, 제8편 옹야 10). 이처럼 유교는 삶의 충실을 목표로 제시하지만 죽음이라는 인간의 한계를 수용함을 전제로 삶의 충실성을 강조한다(이용주, 2015, 126).

공자는 덕행이 뛰어난 제자 안연이 죽자 하늘이 자신을 버렸다며 통곡하였다. 또한 제자 계로가 귀신을 섬기는 것에 대하여 묻자 사람도 섬기지 못하면서 어찌 귀신을 섬길 수 있냐고 말했고, 죽음에 대한 질문에도 삶도 알지 못하는데 어찌 죽음을 알 수 있겠느냐고 반문하였다(논어, 제11편 선진 11). 이는 유교의 현세 중심적 사고를 드러내는 것으로서 사람과 삶의 문제가 근본적인 것이며, 죽음과 귀신의 문제는 지엽적이라는 이해를 드러낸다. 그럼에도 불구하고 공자가 죽음 자체를 무시했다고 보는 것은 합당하지 않고, 오히려 그는 충실한 삶을 살 것을 강조한 것임을 직시해야 할 것이다.

성리학을 완성한 주희 역시 삶은 그 안에 죽음의 도리를 내포한다며 통합적인 관점을 견지하였다(주자어류, 권3, 1.2.7.3). 유교의 이기론적 내세관에 의하면 삶은 기(氣)가 모인 것이고, 죽음이란 기(氣)가 흩어진 것에 불과하다. 그러나 주희는 죽음은 기가 흩어진 것이 아니라 다한 것이라고 설명하였다(주자어류, 권3, 3.3.3.2). 인간의 영혼에는 혼(魂)과 백(魄)이 있어서 죽은 후에 혼(魂)은 하늘로 올라가 신(神)이

되고, 백(魄)은 시체와 함께 땅에 들어가 귀(鬼)가 된다는 것이다(예기, 제24편 제의편 20; 예기, 제11편 교특생 10~11).

공자는 오십 세가 되어 하늘의 뜻을 깨달았다고 말하며, 삶과 죽음의 세계를 관통하는 이치를 깨달으면 죽음을 두려워하지 않고 맞이할 수 있다고 주장하였다(논어, 제2편 위정 4; 이은봉, 1966, 100~101).[7] 유교는 인간을 중심으로 만물을 연관시키는데 특히 인간의 삶을 적극적으로 긍정함으로써 이 세상에 태어난 것을 행복으로 간주한다. 죽음은 삶의 반대 입장에서 다루어지는데, 따라서 생을 적극적으로 긍정하는 유교의 입장은 죽음 또한 적극적으로 긍정하지만 죽은 사람을 귀신으로 섬기는 것은 미신으로 간주하여 철저히 배척하였다.

명확히 알 수 없는 죽음보다는 현세에서의 삶을 강조한 유교의 이상적인 인간형은 성인(聖人)과 군자(君子)인데, 성인이란 인(仁)을 완성한 사람으로서 공자는 하늘의 덕을 본받았던 요 임금과 같은 이를 가리킨다고 말했다(논어, 제8편 태백 19).

성선설을 통해 인간의 가능성을 긍정한 맹자는 누구나 성인이 될 가능성이 있다고 주장했지만 이는 지극히 어려운 것이며, 따라서 성인의 도덕성에는 이르지 못하지만 평범한 사람인 소인(小人)에 비해 도덕성이 탁월한 군자는 보통

사람도 노력에 의해서 도달할 수 있는 단계라고 주장하였다. 공자는 성인을 만나볼 수 없다면 군자라도 만나고 싶다고 말함으로써 그 같은 견해를 뒷받침하였다(논어, 제7편 술이 25).

대부분의 사람에게 목표 또는 역할모델이 되는 군자란 완벽하지 않지만 끊임없이 이상적인 도덕을 실천하기 위하여 노력하는 존재로서 자신의 이익에만 전념하는 소인과 대비된다(논어, 제2편 위정 14; 제4편 리인 11; 16). 군자가 되기 위한 덕성을 함양하는 가장 기본적인 길은 유가(儒家)의 학문을 닦는 것이며, 따라서 맹자는 군자가 되기 위하여 전심으로 학문에 전념하고 타고난 선한 본성을 보존하기 위하여 노력해야 한다고 강조하였다.

삶의 중요성을 강조한 유교는 덕치라는 이상주의적 정치사상을 펼치는 데에 주안점을 두었는데 맹자는 군주보다 백성이 더욱 중요하며, 어질지 못한 포악한 군주를 몰아내기 위한 역성혁명(易姓革命)도 정당하다는, 당시로는 매우 파격적인 주장을 펼치기도 하였다(맹자, 이루 상 7). 결국 군주가 도덕성을 가지고 백성들의 마음을 얻으면 천하도 얻을 수 있다는 그의 주장은 현세 중심의 의무론적 윤리를 강조하는 유교의 특징을 드러내고 있다(맹자, 진심 하 14).

유교에서 장례와 제사를 중시하는 이유는 삶과 죽음을

다루는 데 있어서 신중히 함을 의미하는 예(禮)를 위함이다 (순자, 제 13권, 제19편, 예론). 그러나 중국에서 조상숭배는 유교적 예의 의미뿐만 아니라 혈연가족을 단결시키고 안정시키는 중요한 역할을 담당하며 핵심종교와 같은 모습으로 자리를 잡았다. 그 과정에서 유교는 신비주의적 점복을 통해 미래를 예측하는 내용을 담은 역경(易經)을 경전에 포함하여 제사를 통한 조상숭배의 실천을 지지하는 한편, 윤리적으로 이를 정당화시켰다.

공자 이후 신유가(新儒家)에 이르러서는 하나의 근본 이치를 중심으로 모든 사물의 생성과 변화를 설명하려 하였는데, 특히 성리학을 집대성한 주자는 이기설을 통해 그러한 작업을 수행하였다. 주자에 의하면 이(理)는 우주를 지배하는 모든 법칙과 생명력의 형이상학적 원천이고, 기(氣)는 변역의 기체로서 사물을 낳는 도구에 해당한다.

이기론의 관점에서 바라볼 때에 사람이 죽는다는 것은 응취한 기가 일정 기간 존속하다가 그 기운이 다해 흩어지는 현상일 뿐이며, 그 기가 흩어진 후에 별도의 인격적 개체로서 존재하는 것은 있을 수 없는 일이다(안옥현, 2015, 32). 그러나 한국에서 전통적인 유교의 가르침은 무속 정령숭배와 불교적 내세관, 도교의 자연주의와 혼합되어 사람이 죽어서 기가 흩어져야 하는데 억울하게 죽거나 자살한 경우에는 인귀(人鬼)가 되므로 굿과 제사를 통해 인귀를 달래야 한다고 믿기도 한다(김학도, 1991, 83).

2. 불교의 윤회적 관점

불교는 고통으로 가득찬 삶과 죽음의 현실을 초월하여 해탈에 이르기를 강조한다. 현세는 해탈에 이르기 전 단계에 해당하는 윤회의 과정에 불과하며, 윤회란 철저히 개인 자신이 행한 업보에 의한 것으로서 자업자득(自業自得)의 원리가 이를 지배한다. 따라서 삶과 죽음의 조건은 자신의 행실로부터 오는 것으로서 초월적 존재의 심판이나 구원은 윤회와 이를 극복하는 해탈의 개념에서 철저히 배제된다(이은봉, 1995, 85).

이처럼 불교는 자력으로 해탈을 이루는 것을 강조하기 때문에 메시아적 인물에 의한 타력적 구원이라는 개념을 받아들이지 않는다. 또한 불교적 관점에서는 세상의 체계가 생겨나고 머물고, 멈추는 순환적 과정만 있다고 보기 때문에 심판자의 존재와 종말이라는 개념도 거부된다. 석가는 사람들이 정신이나 의식이라고 부르는 것은 실체로서 존재하는 것이 아니라 삶을 통해 연기한 현상, 즉 업보에 따라 윤회하고 있는 것임을 강조하였다. 따라서 극락과 지옥을 포함한 모든 것은 마음의 문제가 된다. 결국 석가는 생명의 본질을 육신이나 영혼이 아니라 세상과 생명의 관계 가운데 존재하는 상호의존적 구조로만 볼 뿐이다(이중표, 2010, 160).

1) 불교의 태동 및 전래

불교는 불타를 섬기는 종교인데, 불타란 "깨달음을 얻은 사람"이라는 뜻으로 인도의 고대어인 산스크리트어로 "붓다"(Buddha)라고 하며, 우리나라에서는 "부처"라고 지칭한다. 불교는 인도의 북부 카필라 바스투라라(Kapilavastu)는 작은 나라 샤카(석가)족의 왕 슈도다나의 아들로 태어난 이, 곧 "고타마"라는 성씨와 "싯다르타"라는 이름을 가진 왕자에 의해 시작되었다.

16세에 결혼하여 아들까지 얻은 그는 성밖을 여행하며 늙어서 제대로 걷지 못하는 노인, 고열로 시달리는 병자, 시체를 화장시키기 위하여 장례행렬을 따라가며 슬피 울던 사람, 먹을 것을 구걸하는 승려를 만나며 인생의 의미와 고통에 대하여 깊이 고민하게 되었다. 그는 금욕과 고행을 통해 인생의 깨달음을 얻으려 하였으나 실패하였는데, 보리수 나무 아래에서 명상을 하다가 깊은 깨달음을 얻고 그가 깨달은 진리를 가르치기 시작하였다. 사람들은 그를 "석가모니"

라고 불렀는데 "석가"란 "샤카"족의 이름이고, "모니"란 "성자"란 뜻이므로 이는 "샤카족의 성자"라는 의미이나 일반적으로 그를 "석가" 또는 "부처"라고 칭한다.

(1) 불교의 중국 전래

불교가 언제 중국에 전래되었는지에 대하여 명확하게 증명할 수 있는 자료는 없다. 다만 진시황 통치 4년째인 기원전 243년에 실리방 등 18명의 현인이 불경을 가져왔는데 진시황이 이를 금지하여 소각했다는 실리방 전교설, 기원전 141~187년 전한(前漢)의 무제(武帝) 때 장군 곽거병이 흉노의 휴도왕와 훈시왕을 정복했을 당시에 불상을 가져왔다는 금인예배설 등, 후대에 내려오는 여러 가지 학설들을 통해 기원전에 유입되었으리라고 추측할 뿐이다(차차석, 2007).

중국의 학계는 경로라는 인물이 대월지국의 사신인 이존을 통해 불경을 전수받았다는 기록에 근거하여 기원전 2년에 중국에 불교가 전래된 것으로 공식적으로 받아들이며(차차석, 2007, 23; 정첸, 2013, 165), 대한불교조계종은 서기 67년 후한(後漢) 명제(明帝) 때에 가섭마등과 축법란이 낙양에 와서 사십이장경(四十二章經)을 번역한 것이 중국불교의 시작이라고 보아서 전래 시기를 기원 전후로 추정하고 있다(대한불교조계종 교육원 불학연구소, 2011, 171).

중국에 전래된 불교는 지역과 전래된 경로를 따라 각기 다른 다양한 경전들을 도입하였다. 그러나 국토가 방대하고 전래자의 출신국도 서역이나 천축 등으로 다양하여 어떤 경전이 어떠한 경로를 통하여 전래되어 보급되었는지 알 수 없었다. 따라서 당나라 시대에 이미 유포된 경(經), 율(律), 론(論)[8]의 경전인 삼장(三藏)을 왕의 명령에 따라 대장경으로 정리하였고, 10세기 북송(北宋) 시대에 이르러 대장경(大藏經)이 출판되었다(차차석, 2007, 90~91).

지리적, 문화적 환경이 인도와 판이하게 다른 중국에서 불교가 뿌리내리기 위해서는 국가권력과의 결탁이 관건이었다. 따라서 불교는 황실 및 귀족계층과 친밀한 관계를 맺었는데, 그 과정에서 오히려 중국의 불교승단은 타락하였다. 이는 6세기 폐불(廢佛)정책의 도화선이 되어 어려움을 겪었고, 이후에는 중국인들의 정서에 부합되는 현세적 이익을 추구하는 경향을 보이며 기반을 유지하고자 하였다(대한불교조계종 교육원 불학연구소, 2011, 176).

봉건왕조는 불교를 통제하기 위하여 사묘(祠廟) 건립을 통제하고 승려들을 관리하였다. 사묘를 건축하기 위해서는 사전에 관방의 허가를 받도록 함으로써 새로이 건축되는 사묘의 수를 최소화하여 출가하는 사람의 수를 제한하였고, 승려 직위 증명서를 발급하는 도첩제도를 시행하여 승려의 수를 관리함을 통해 세력화를 통한 반란의 가능성과 출가자에 대한 세금 징수 불능으로 인한 경제적 손실을 방지하려 하였다.

불교와는 대조적으로 봉건왕조에게 있어서 유교는 군신과 부자라는 두 가지 기본적인 관계를 통해 정권을 비호하는 역할을 수행하였는데, 예를 들면 부자관계에 있어서 효도는 군신관계에 있어서 충성으로 확장되었기 때문이다. 그러나 불교는 군신과 부자관계를 포함한 일체의 세속적 연결고리를 단절하고 속세의 경제활동에 대하여도 적극적으로 참여하지 말 것을 주장하므로 왕조의 입장에서는 불교가 경계와 통제의 대상이 된 것은 당연하다.

불교는 초기에는 개인의 해탈을 강조하는 소승불교의 모습을 보이며 정치적 박해를 피할 수 없었으나 한국, 중국, 일본 등 동북아에서는 대승불교의 두각을 통해 대중의 요구를 만족시키고, 유교를 보완하며 통치체제를 옹호하는 종교로 자리 잡기 시작하였다.[9] 불교의 영혼 개념이 유가(儒家)의 조상숭배 의례와 부합되었고, 중생을 구제한다는 대승불교의 포용성이 다신숭배의 민속종교를 배경으로 하는 중국 사회의 융합에 유용했기 때문이다.

또한 봉건왕조는 정통 유교사상에 위배되는 모든 신앙 및 종교활동을 이단으로 취급하여 왕조의 권력 유지 및 태평성세에 대한 바램을 반영하였다(양경곤, 2011, 299). 그러나 이단 사교에 대한 왕조와 조정의 적대적 태도는 종교적 교리에 근거한 것이 아니라 철저히 권력수호와 이를 뒷받침하는 사회 통합을 위한 정치적 고려에 기초한 것이었다.

(2) 불교의 한국 전래

불교는 중국을 통해 4세기말 경에 고구려의 소수림왕 2년(372년)에 전진왕 부견이 순도라는 승려를 통해 불상과 불경을 고구려에 보냄을 통해 한반도에 전래되었는데, 이는 우리나라에 들어온 최초의 외래종교였다(이훈구, 2005, 84). 백제의 불교는 침류왕 원년(384년)에 동진으로부터 인도승이 들어옴으로써 전래되었고, 신라는 5세기 눌지왕 시대에 고구려로부터 인도 승려 아도화상이 들어와서 불교를 전파하였다. 신라에서의 불교는 6세기 법흥왕의 공인 이후 발전하기 시작하여 통일신라 시대에 이르러 중흥기를 맞이하였으며, 고려 시대에는 권력과 결탁하여 국교에 올랐다.

그러나 권력의 남용으로 지탄을 받기 시작하였고, 현세적 기복신앙을 추구하는 샤머니즘과 결합하며 변질됨으로써 조선 시대에 이르러는 유교를 숭배하고 불교를 억압하는 "숭유억불"(崇儒抑佛) 정책을 자초하며 탄압을 받았다.

2) 불교의 주요교리

인도에서 유래한 불교는 석가모니의 연기론에 앞서서 힌두교로부터 업(業)과 윤회(輪廻), 그리고 해탈(解脫)사상을 받아들였다. 업이란 전생의 선행 또는 악행에 의해 다음 생이 결정된다는 인과응보사상으로서 이는 힌두교가 카스트라는 계급에 충실하게 살도록 하기 위해 만든 교리이다. 윤회는 환생이 계속되는 것이고, 해탈은 윤회에서 벗어나도록 하는 깨달음을 의미하는 것으로서 이는 힌두교 및 불교의 궁극적 목표가 된다.

흔히 해탈과 열반을 같은 의미로 사용하는데, 명확하게 구분하자면 해탈이란 "벗어난다"는 의미를 가진 산스크리트어 "목사"(moksa)의 번역으로서 완전한 자유를 뜻하며, 열반(涅槃)은 "불이 꺼진 상태"를 의미하는 산스크리트어 "너바나"(nirvana)를 번역한 용어로서 완전한 행복의 상태를 의미한다.

석가가 결정적으로 깨달은 불교의 진리는 연기의 법칙인데, 이는 "인연생기"(因緣生起)의 준말로서 "인"(因)은 직접적 원인을 지칭하고, "연"(緣)은 간접적 원인을 가리킨다. 연기의 법칙에 의하면 우주의 어떤 존재이든 스스로 존재하거나 영원히 존재하는 것은 없으며, 모든 존재는 다른 원인에 의하여 일시적으로 존재하는 것에 불과하여 끊임없는 변화의 과정에 있는 것이다. 석가는 연기의 법칙을 우주의 근본법칙이라고 소개하며, 인간은 색(色), 수(受), 상(想), 행(行), 식(識)의 오온(伍蘊)[10]의 작용에 의해서 생멸한다고 주장하였다.

따라서 "나"라는 존재는 어떤 정체성이나 실체를 가진 존재가 아니라 인연에 의하여 변화 속에 존재할 뿐이다. 연기설은 불교의 핵심교리인 제행무상(諸行無常), 제법무아(諸法無我), 일체개고(一切皆苦), 열반적정(涅槃寂靜)의 사법인(四法印)으로 연결되었다.[11]

도를 깨우친 석가는 첫 제자가 된 다섯 사문들에게 쾌락과 금욕 사이에서 중용의 길인 팔정도(八正道)를 깨달음의 길로 제시하며 가르쳤다. 팔정도란 바른 견해(正見), 바른 생각(正思惟), 바른 언어(正語), 바른 행위(正業), 바른 생활(正命), 바른 노력(正精進), 바른 기억(正念), 바른 선정(正定) 등의 여덟 가지 바른 길을 의미한다.[12]

석가는 자신이 깨달은 진리의 관점에서 인간의 가치를 평가했기 때문에 모든 사람은 해탈할 가능성을 가진 평등한 존재로 보았는데, 이는 계급 간의 평등을 비롯하여 어른과 아이, 남성과 여성의 평등성을 포함한다(이재율, 2013, 155). 불교의 기본적 윤리는 자비(慈悲)인데, 자비란 고통당하는 자들을 가엾이 여기는 것으로서 이는 선행의 근본이 된다.

석가모니의 사후에 그의 가르침을 종합하는 과정에서 계율의 엄격한 준수와 해탈에만 집착하던 부파불교(部派佛敎)에 반발하여 모든 중생을 구원하자는 불교운동으로서 대승불교가 일어났다.[13] 대승불교에서 자비는 더욱 강조되었는데, 모든 중생에게는 불심(佛心)이 있으므로 모두가 부처가 될 수 있다고 주장하며 깨달음을 추구하는 자는 모두 보살이라 하였다. 따라서 팔정도를 대승불교적으로 바꾼 육바라밀(六波羅蜜), 즉 보시(布施), 지계(持戒), 인욕(忍辱), 정진(精進), 선정(禪定), 반야(般若)를 행함을 통해 부처가 될 수 있다고 주장하였다.[14]

불교는 힌두교의 창조신과 우주와 자연 속에 내재한 정신적 실재인 브라만을 부정하고 신성을 제거하였기 때문에 초월적인 신의 존재를 인정하지 않는다. 그러므로 불교의 관심은 철저하게 현세에서 고통당하는 인간에게 있지만 그렇다고 현세를 강조하는 것이 아니라 업보로 인한 윤회의 과정에서 이를 초월하는 해탈을 강조한다. 다시 말하면 불교는 고통으로 가득 찬 인간의 현실을 극복하고 석가모니가 도달한 해탈의 경지에 이르는 방법, 즉 불타가 되는 길을 가르치는 종교인 것이다.

따라서 염불 또한 인격적인 대상으로서의 신에게 하는 것이 아니라, 흔들리지 않는 마음을 위한 개인의 노력을 강조하는 것이다. 석가와 공자는 초월적 존재인 신에 대한 형이상학적 관심보다 현실 세계에 더 관심을 가졌다는 공통점을 보인다. 그러나 석가는 모든 인간이 겪을 수밖에 없는 생로병사(生老病死)의 운명과 내적 고통을 근본문제로 인식하고 이를 벗어나기 위한 개인적 노력을 강조했다. 하지만 공자는 인간관계의 윤리와 정치에 관심을 가지고 이상사회를 건설하여 모든 백성들이 평안히 살 수 있는 길을 모색하는 데에 초점을 맞추는 공동체적 관점을 견지하였다는 점에서 대조된다.

3) 삶과 죽음에 대한 업보 중심의 이해

불교에서는 물질(육체)인 색(色)과 네 개의 정신작용인 수상행식(受想行識)이 가화합(假和合)한 것을 삶이라 하고, 인연이 다하여 가화합한 오온이 흩어지는 것을 죽음이라고 칭하며, 업보에 따라 삶과 죽음이 반복됨을 강조한다. 또한 불교는 삶 가운데 있는 생로병사(生老病死)의 네 가지 괴로움은 인간의 숙명이라고 받아들여서 생사(生死)를 벗어나 열반(涅槃)을 성취하는 것을 목표로 하는데, 이는 인간의 실상을 무아(無我)와 업보(業報)로 이해하지 못하고 자아를 실재하는 것으로 생각하는 허망한 착각을 자각하고 업보로서의 자아, 즉 무아를 깨닫는 열반에 이르는 것을 강조하는 것이다(허암, 2015, 22).

힌두교적 윤회설을 받아들인 불교는 모든 것이 변하므로 영원한 것은 존재할 수 없다고 본다(배영기, 2006, 217). 따라서 변화의 과정 속에 있는 실재가 아닌 것을, 영원하고 진실한 존재로 아는 데서 그릇된 인생관과 세계관이 형성되고, 그로 인하여 아집과 망념 속에 괴로움을 자초하는 속세적 요소를 초월하여 평정을 이루는 열반의 경지에 들어가는 것이 불교의 궁극적 목표가 된다.

석가는 죽음에 대하여 생자필멸(生者必滅)을 말하면서 삶의 실상을 알고 해탈의 경지에 이르는 것이 영원히 사는 것이 된다는 논리를 펼쳤다(안옥현, 2015, 27). 따라서 불교의 생사관에 의하면 죽음은 끝이 아니라 다시 태어남을 의미하는데, 죽음이란 결국 마음과 관련한 것으로서 영원한 사멸이 아니라 새로운 출생의 전단계에 불과하다(안양규, 2015, 94).

죽음과 재생이 연속적으로 가능한 윤회는 번뇌 때문에 벌어지는 것으로서 일곱 가지 번뇌가 중생으로 하여금 영구히 어둠 속에서 떠다니며 생사의 근본을 알지 못하게 하므로 이를 떨쳐버리고 해탈의 경지에 이르러야 하며, 그러므로 온전한 죽음이란 현세의 고통과 번뇌를 벗어나서 육신의 속박을 뿌리치는 해탈을 의미하는 것이다(안양규, 2015, 104~105).[15]

잡아함경(대정장, 2, 85)에서는 이러저러한 중생들이 이러저러한 종류로 사라지고, 옮기고, 몸이 무너지고, 수(壽)가 다하며, 따뜻한 기운이 떠나고, 명(命)이 소멸하여 음(陰)을 버릴 때를 죽음이라고 한다. 그러므로 불교는 삶과 죽음을 구분하지 않으며, 인간의 행(幸)과 불행(不幸), 지옥과 천상은 모두 마음에서 비롯되는 것으로서 이 세상은 업의 결과이고, 업이란 마음에서 비롯되는 것이므로 모든 것은 마음에 달렸다고 본다(이중표, 2010, 133).

업은 크게 삼업(三業)과 십업(十業)으로 구분되는데 삼업은 업을 짓는 방식에 따라 신업(身業), 구업(口業), 의업(意業)으로 분류되며, 마음과 관계된 의업이 몸의 신업과 입으로 하는 구업의 근본이 된다. 업은 또한 선업(善業)과 악업(惡業)으로 나뉘어서 그 업의 선악에 따라 윤회의 단계가 결정된다.[16]

한편 불교신앙은 한국에서는 어떠한 번뇌도 없이 평안하고 청정한 세상을 지향하는 극락정토(極樂淨土) 신앙으로 자리 잡아서 죽음의 문제에 대한 철저한 고뇌보다는 현세를 강조하며 극락을 꿈꾸는 실용주의적 경향을 보인다. 극락과 지옥이라는 개념도 불교의 윤회사상이 정토사상과 결합하여 만들어낸 것이다. 이에 따르면 죽음을 맞이한 사람은 현세에서 행한 생전의 선악에 따라 심판을 받는데, 선을 행한 자는 극락으로 가서 왕생하며, 악을 행한 자는 지옥에서 온

갖 형벌을 받게 된다(김학도, 1991).

또한 살아 생전의 선업과 악업에 기인하여 부처에 도달하지 못한 사람은 탄생과 죽음을 반복하는데 성욕(性慾), 식욕(食慾), 수면욕(睡眠慾)을 가진 생물들이 거주하는 욕계(欲界), 육계에서와 같은 탐욕은 끊어졌으나 아직 색계와 같이 완전히 물질을 떠나 순수한 정신적인 세계에는 도달하지 못한 세계로서 천인(天人)이 거주하는 색계(色界), 그리고 물질세계를 초월한 무색계(無色界)의 삼계(三界)에 거주한다.[17]

3. 기독교의 구속적 관점

기독교는 하나님의 아들 예수 그리스도를 통한 구원을 교리의 핵심으로 하는 종교로서 내세를 조명하는 천국(天國) 또는 하나님의 나라는 물론 현세의 구원과 축복[18] 역시 구속적 관점에 속한다. 이는 예수를 그리스도, 즉 주님으로 받아들임으로써 중생(重生)하고 내세의 구원을 얻는 것은 물론, 이를 통하여 하나님이 처음으로 창조한 인간인 아담과 하와의 타락 이후에 인류에게 내재된 죄악된 본성을 물리치고 본래적인 삶을 사는 현세적 관점도 동시에 강조하는 것이다.

이같은 통전적 구원의 교리는 현세에서 빛과 소금의 역

할을 수행하라는 예수의 가르침(마 5:13~16)으로부터 막스베버(Max Weber, 1905)가 주장한 자본주의 정신의 기저를 이루는 개신교의 윤리와도 연결된다. 따라서 기독교는 삶의 윤리와 죽음 이후의 영원한 생명을 동시에 강조하는 통전적인 시각을 견지한다.

1) 기독교의 태동 및 전래

기독교는 2,000여 년 전에 팔레스타인 지방에서 하나님 나라를 전파하던 예수라는 이름을 가진 이를 하나님의 아들이자 구원자 메시아로 믿는 종교이다(최성훈, 2016a, 18~19). 이스라엘에서 예수라는 이름은 호세아, 여호수아 등과 같이 "여호와(하나님)는 구원이시다"라는 의미를 지닌다. 히브리어로 기록된 구약성경에서 "메시아"는 "기름 부음을 받은 자"(애 4:20)란 뜻이고, 이는 이스라엘 백성과 모든 인류를 구원하기 위해 기름 부음을 받았다는 뜻이므로 메시아란 구원자를 의미한다.

구약을 헬라어로 번역한 70인역 성경에서는 메시아를 헬라어 "그리스도"(Χριστος)로 표현했는데, 중국어 성경에서는 "기리사독"(基利斯督)으로 표기하였다. 중국어 성경을 음역하여 우리말로는 기독(基督)으로 표기하였으므로 예수를 그리스도, 즉 구원자인 주(主)로 믿는 종교가 기독교인 것이다.

(1) 기독교의 중국 전래

기독교는 431년 에베소 공의회에서 이단 정죄를 받고 동쪽으로 추방된 네스토리우스파가 경교(景敎), 즉 "빛의 신앙"이라는 이름으로 635년 당나라에 전해짐으로써 중국에 처음 전래되었다. 이후 13세기 원나라의 쿠빌라이 칸이 통치하던 시기에 예수회가 들어온 것을 포함하여 체계적인 교류가 있었으나, 기독교가 확고하게 뿌리내린 것은 19세기 아편전쟁 이후의 일이다(랴오이우, 2014, 12).

20세기 초에 이르러 서구 열강은 기독교를 선봉으로 중국을 침략하였고, 유학자들은 유교를 종교화하여 이에 맞서려고 하였다. 그러나 유교의 형식주의와 권위주의, 봉건체제와의 결합 등은 젊은 지식인 세대의 호감을 얻는데 실패하였고, 오히려 기독교는 민주적이고 자유로운 현대 사회 환경에 더 적합해 보였기 때문에 중국에서 뿌리를 내릴 수 있었다(양경곤, 2011, 505).

중국에서 기독교는 교리적으로 중국인들의 마음을 사로잡은 것이 아니라 윤리적으로 서구화와 민주화를 통하여 중국인들의 인식에 기여하였다(이민호, 2009, 241). 중국은 근대화를 추진하는 과정에서 반(反)전통사상이 대두되며 서방문화를 수용하는 한편, 오늘날에도 개혁과 개방을 추진하는 과정 속에서 시장경제로 인하여 야기된 편협한 개인주의와 배금주의로 인하여 현대 중국인들은 젊은 세대를 중심으로 전통적인 유교적 가치관을 더욱 배격하고 있다(박영순, 2015, 268).[19]

또한 배금주의와 같은 자본주의의 부작용으로 인하여 가짜상품, 위조, 불법복제, 부패와 횡령 등의 문제가 종종 발생하고 있으며, 따라서 전통적인 윤리와 개혁과 개방 시대의 물질주의 가치관 사이에서 조화와 통합을 이루는 과제가 중국인들에게 놓여 있다. 그러한 과제는 비단 전통종교인 유교뿐만 아니라 기독교가 수행해야 할 종교적 과제이기도 하다.

(2) 기독교의 한국 전래

우리나라에 천주교(가톨릭 또는 구교)가 언제 전래되었는지는 명확하지 않다. 다만 1592~1598년 벌어진 임진왜란 당시에 일본군을 따라 들어온 예수회 선교사 그레고리오 세스페데스(Gregorio Céspedes)에 의해 전파되었을 것이라는 주장과 1636~1637년의 병자호란 이후 청나라에 볼모로 잡혀갔던 소현 세자가 1645년에 귀국하며 독일의 예수회 선교사 아담 샬(Johann Adam Schall von Bell) 신부를 통해 가톨릭교회의 서적을 들여오며 전파되었다는 주장이 맞선다.

그러나 1631년 진주사(陳奏使)로 명나라에 갔던 사신 정두원이 귀국할 때에 서양 문물과 함께 천주교 서적을 가지고 들어왔다는 것만이 연대가 명확한 기록이다. 한편 1784년 북경에 갔던 이승훈은 장 그라몽(Jean de Grammont) 신부에게서 세례를 받음으로써 우리나라 최초의 영세신자가 되었다.

우리나라가 개신교를 최초로 접한 해는 1832년으로 당시 중국에서 선교 활동을 수행하던 독일인 루터교 목사 칼 귀츨라프(Karl Friedrich August Gützlaff)가 충청도에 입국하며 서양 감자의 파종법과 포도 재배의 방법을 알려주었는데, 그는 우리나라를 방문한 최초의 개신교 인물이었다. 구한말(舊韓末) 조선은 유교국가의 취약점을 보완하는 한도에서 문호를 개방하는 한편, 새로운 문물을 받아들이기 위해 김옥균이 조직한 62명의 조사시찰단(朝士視察團)[20]을 일본으로 파견하였다. 당시 일본에 있던 김옥균이 선교사 조지 낙스(George Knox)에게 도움을 요청하여 1884년 6월, 감리교의 로버트 맥클레이(Robert McLay) 선교사가 조선에 입국했다.

그러나 한국 교회가 공식적으로 개신교의 전파가 시작된 시점으로 보는 시기는 복음을 직접 전할 목적을 가진 선교사들이 입국한 1885년이다. 미국 북장로회 선교사 호레이스 언더우드(Horace Grant Underwood) 부부와 북감리회 선교사 헨리 아펜젤러(Henry Gerhard Appenzeller) 부부가 1885

년 4월 5일 인천 제물포항을 거쳐 조선땅에 첫 발을 들여놓음으로 한국 개신교 선교 역사가 시작되었다고 보는 것이다(최성훈, 2016b, 334).

통계청(www.kostat.go.kr)의 인구주택총조사와 관련하여 매 10년마다 실시하는 종교인구조사에 의하면 2015년 현재 우리나라의 대표적인 종교는 967만 6천 명의 신도 수로 전체 인구의 19.7%를 차지하는 개신교이며, 761만 9천 명의 불교(15.5%), 389만 명의 천주교(7.9%)가 그 뒤를 잇는다. 개신교와 구교인 가톨릭을 합치면 기독교의 인구는 1,356만 6천여 명으로 우리나라 인구 전체의 27.6%를 차지하여 네 명당 한 명꼴로 기독교인인 셈으로서 사회적 역할 수행의 가장 큰 종교적 책임을 지고 있다(최성훈, 2017b, 25).

2) 기독교의 주요교리[21]

기독교는 구약(舊約)과 신약(新約)의 성경(聖經)을 신(하나님)의 계시로 받아들이고 주제에 따라 교리를 발전시켰다.[22] 이를 조직적으로 분류하면 천지만물의 창조주 하나님이 어떤 존재인가 하는 주제를 다루는 것은 신론(神論), 그 하나님이 창조한 인간의 모습을 다루는 것이 인간론(人間論)이다. 첫 사람 아담이 죄를 지어서 자신의 힘으로는 하나님과의 관계를 돌이킬 수 없다는 실존을 다루는 죄론(罪論)은 필연적으로 회복의 구원을 갈망하는 구원론으로 이어지며, 하나님의 독생자 예수를 그리스도, 주님으로 믿으면 구원을 얻음을 강조하며 그리스도에 대하여 설명하는 기독론(基督論)[23]으로 연결된다.

인간의 죄(罪)는 예수 그리스도를 통해 용서받지만 끊임없이 모습을 드러내는 인간의 죄성(罪性)을 극복하기 위해 성령의 도움을 필요로 하는 인간존재의 실존이 성령론(聖靈論)으로 이어지며, 이는 또한 예수 그리스도를 머리로 하여 구원은 물론 현세에 하나님의 나라가 임하도록 하는 공동체인 교회에 대하여 설명하는 교회론(敎會論)으로 연결된다.

삶과 죽음의 한계에 묶여서 유한한 이 세상에서만 구원의 은혜를 누리는 것이 아니라 "모든 눈물을 그 눈에서 닦아주시니 다시는 사망이 없고 애통하는 것이나 곡하는 것이나 아픈 것이 다시 있지 아니하리니"(계 21:4)라는 성경의 약속이 이루어져서 영원한 생명을 누리도록 하는 천국을 기다리며 세상의 종말을 다루는 종말론(終末論)이 기독교 교리의 마지막을 장식한다.

구약의 십계명과 신약의 산상수훈을 요약하여 성경의 명령을 세 가지로 정리한 것은 창세기 1장 27~28절의 창조명령(創造命令), 마태복음 22장 37~40절의 대명령(大命令),

그리고 마태복음 28장 18~20절의 대위임령(大委任令)이다(최성훈, 2016a, 32). 창조명령은 하나님의 형상으로 창조된 인간에게 하나님을 대신하여 이 세상을 다스리고 관리하라고 부여한 명령이다. 창세기 2장 19절에서 피조된 각 생물들에게 이름을 붙이는 창조적 사역을 시작한 인간은 에덴동산의 타락 이후에 자신의 이익을 위하여 오히려 피조세계를 파괴하는 존재로 전락하였다. 그러나 인간은 예수 그리스도를 믿음으로 인하여, 타락 때문에 훼손된 하나님의 형상을 회복하고 예수의 명령을 수행하는 존재로 다시 태어날 수 있는 길이 열렸다. 복음을 받아들이고 새로운 삶을 살 수 있게 된 인간에게 예수는 사랑을 행하라는 대명령을 내렸다.

하나님이 이스라엘 공동체에게 부여한 613가지의 명령을 열 가지로 요약한 것이 출애굽기 20장과 신명기 5장의 십계명이며, 예수는 이를 다시 "하나님 사랑과 이웃 사랑"으로 요약하여 전달하였다. 그러므로 예수의 가장 큰 가르침은 사랑이며, 이는 기독교 교리는 물론 그리스도인의 윤리의 핵심을 이룬다. 불교의 대승불교처럼 자신이 누리는 복과 구원을 위해서만 신앙을 유지하는 것이 아니라, 예수가 그러했던 것처럼 이를 모든 사람에게 전파해서 모든 인류가 구원을 얻도록 하라는 예수의 가르침이 곧 대위임령으로서 3대 명령의 마지막을 장식한다.

3) 삶과 죽음에 대한 통합적 이해

기독교의 삶과 죽음에 대한 이해는 분리되어 있지 않다. 예수 그리스도를 통한 구원이 미래는 물론 현재에도 영향력을 발휘한다고 믿기 때문이다. 이는 자칫하면 기복신앙(祈福信仰)으로 전락할 수 있는 위험성이 있지만, 예수가 귀신들린 자와 병자를 치유하며 하나님의 나라가 이미 임하였다고 선포한 대목은(마 12:22~28; 막 3:20~27; 눅 11:14~23) 이미 현세적인, 즉 내재적인 구속의 신적 사역을 강조하고 있다. 그러므로 기독교의 구원 신앙을 삶과 죽음, 그리고 현세와 내세의 관점에서 동시에 조명하는 균형잡힌 시각이 요구되며, 이를 위해서는 하나님의 초월성과 내재성을 이해하는 작업이 선행되어야 한다.

피조세계 안에서 피조물과 소통하는 하나님의 모습을 통해 드러난 신적 속성은 내재성과 초월성이다. 하나님이 피조세계와 인간의 현세적 삶 안에서 주권적으로 영향력을 행사하는 사실이 드러나는 것이 하나님의 내재성이고, 내세의 주관 및 피조된 세계를 초월하여 시간과 공간에 제약받지 않고 활동하는 사역은 하나님의 초월성에 속한다.

기독교 신앙은 하나님은 무(無)로부터(*ex nihilo*) 이 세상을 말씀으로 창조하였고, 그것은 성부, 성자(그리스도), 성령의 삼위일체적 사역으로서 그 통치는 선하고, 보편적이며, 주권적인 성격을 지닌다고 본다. 그러한 하나님의 섭리는 구원, 즉 하나님과 인격적 관계를 맺고 하나님께 영광을 돌리는 존재로서 인간의 회복을 최종적인 목적으로 한다.

기독교의 죽음에 대한 전통적인 이해는 그것이 에덴동산에서 아담과 하와의 타락, 즉 하나님을 거절한 인간의 죄의 값 또는 죄의 결과로 보는 것이다(전봉순, 2013, 24; 최성훈, 2017a, 192). 이는 단순히 인간 자신이 저주를 받는 데에 그치는 것이 아니라 자신이 청지기직을 수행할 것을 위탁받았던 장소인 피조세계 역시 저주를 받아 가시와 엉겅퀴를 내게 되었다고 기록하는 구약성경 창세기 3장 18절에 대한 해석을 포함한다.

더욱이 인간은 창조주 하나님과의 관계 단절로 인하여 자기 자신과의 관계는 물론, 피조세계 전체와의 관계에서도 소외를 경험하게 되었다. 그러나 예수는 그의 부활을 통해 죄값으로 치루어야 하는 숙명으로 여겨졌던 죽음을 정복하고, 하나님과의 관계 회복과 영원한 생명을 누리는 구원을 가능케 하는 새로운 소망의 가능성을 제시하였다.

초기에 기록된 구약성경의 책들은 죽음 이후의 삶에 대한 특별한 개념을 정리하고 있지 않으며, 하나님과 인간의 관계가 죽음을 통해 단절된다는 견해를 전개하고 있다(사

38: 11). 그러나 후기에 기록된 책들은 각 개인의 죽음 이후 삶에 대한 표상, 즉 부활에 대한 이해를 드러내고 있다(단 12:2). 죽음은 곧 하나님과의 단절이라는 견해는 죽음의 원인이 아담의 원죄에 근거한다는 인식에 기인한 것인데, 하나님과의 관계가 끊어짐의 벌로서 인류의 삶 속에서 나타나는 것이 죽음이라는 것이다. 성경에서 종종 생명은 축복과 병행되어 이해되었고, 죽음은 저주와 병행되어 이해되었으므로(신 30:19), 죽음은 사람과 사람, 그리고 하나님과 사람 사이의 관계를 단절시키는 하나의 완전한 분리를 의미한다고 여겼다.

그러나 구약 시대 말기에는 죽음의 세계로부터의 돌아옴에 대한 기대가 출현하며 죽음이 하나님과의 단절이라는 생각에서 하나님은 치료와 회복의 하나님이며, 삶과 죽음에 대한 모든 권한을 가지고 있다는 인식으로 전환되었다(최성훈, 2017a, 193). 신약성경에서는 예수의 죽음 이후의 삶에 대한 표상이 이미 구약에서 언급된 부활과 함께 연결되어 강조되었고, 이는 그리스도인으로 하여금 죽음으로부터 부활로 눈을 돌리게 하는 계기가 되었다. 따라서 죽음은 이제 좋은 소식, 즉 복음(福音)의 근원으로서 인간에게 있어서 구원을 통한 영원한 생명과 현세적 승리를 가능하게 하는 기쁨의 소식으로 변한 것이다.

그러므로 기독교의 관점에서 육체의 죽음은 일시적인 것에 불과하다. 이 세상에 종말이 오고 그리스도가 재림할 때에 최후심판을 통해 신자와 불신자가 구분되고, 새로운 육체의 부활이 있다는 것을 믿기 때문이다. 이제 그리스도인의 삶은 죽음으로 끝나는 것이 아니라, 죽음의 극복과 부활을 통해 생명의 승리로 나아가는 것이며, 따라서 죽음은 부활의 전제가 되었다.

인간의 죽음은 예수 그리스도로 인해 극복되었고, 그 부활의 의미 안에서 변화되었다. 죽음에 대한 예수 그리스도의 십자가 대속과 부활의 승리로 인하여 하나님과 인간의 단절은 더 이상 존재하지 않게 되었다. 그러므로 이제 그리스도인에게 있어서 죽음은 하나님 나라의 영원한 삶으로 인도하는 하나의 교량으로 기능하며, 미래(부활)에 대한 확신은 고통스러운 현재를 위한 위로의 기능을 제공한다(최성훈, 2017a, 195).

4장

고령화에 대한 대응방안

고령화의 문제는 결국 인간의 삶과 죽음과 관련한 문제이다. 따라서 한국과 중국의 유교, 불교, 기독교의 인간 및 삶의 의미에 대한 조명은 고령화 문제를 해결하기 위한 단초를 제공할 것이다. 특히 삶의 마지막인 죽음에 대한 이해는 삶의 가치를 조명하는 초석이 된다.

유교는 죽음보다는 삶에 강조점을 두어 온 세상의 평안과 인격 존중에 기본적인 관심을 가졌고, 인간의 교화를 통해 인생의 의미를 찾고 즐거움을 누릴 수 있는 가능성을 제시하였다(방립천, 2016, 25~26). 불교는 인간과 환경은 부단히 변화하는 과정에 있기 때문에 이상적 세계를 추구하는 것은 비현실적인 것으로 고통만을 야기한다고 설명하며, 삶과 죽음이란 해탈에 이르기 전에 필연적으로 경험해야 하는 불가피한 현실이자 고통이라고 인식하였다(크레이머, 2015, 78). 석가와 공자는 죽음이나 귀신과 같은 형이상학적인 문제보다 현세의 인간 삶과 그 삶에서 야기되는 고통에 관심을 가졌는데, 철학과 종교는 사람들의 삶과 관계를 맺지 않을 수 없기 때문이다(허암, 2015, 17~19).

한편, 영혼을 인정하는 종교, 특히 유일신을 믿는 기독교와 같은 종교에서는 죽음 자체를 두려운 것으로 표현하지 않고 밝고 긍정적으로 표현하지만, 그렇다고 해서 죽음에 대한 공포 자체가 완전히 사라지는 것은 아니다(허암, 2015, 17~19). 그러나 기독교는 그리스도를 통한 구원이 현세와 내세에 동시에 임하는 것으로 보고, 그러한 구원을 세상에서 전파하는 보편적 가치를 강조하며 인간 세상의 문제를 적극적으로 해결할 것을 권면하였다.

1. 통합을 이루는 보편적 원리

유교, 불교, 기독교는 그 강조점은 다르지만 인간을 존중하는 공통의 보편적 원리를 견지한다. 유교의 인(仁), 불교의 자비(慈悲), 그리고 기독교의 사랑(愛)은 인간 상호 간에 보유하는, 고통받는 사람을 향한 자연스러운 사랑의 마음인 측은지심(惻隱之心)을 바탕으로 하는 교리이다. 이는 고령사회를 맞이하여 삶과 죽음을 통전적으로 조명하며 국가, 사회적 관제를 수행하는 데 있어서 기본적인 이념의 토대로 기능하는 중요한 윤리이기도 하다.

개인의 인격에 대한 가치를 인정하고 존중하며, 서로 도움을 주고 받으며 조화로운 사회를 이룰 수 있음을 긍정하는 중요한 인식은 개인의 삶과 죽음이 국가, 사회의 흥망성쇠와 존립에 있어서 중요한 기반이 됨을 간과하지 않도록 한다. 따라서 삶과 죽음을 포괄하는 인간 존재에 대한 통전적 이해가 필수적인데, 그러한 이해를 가능케 하는 원리 역시 유교, 불교, 기독교의 가르침을 통하여 자연스럽게 도출할 수 있다.

유교는 인간의 존재에 대한 가치 인정과 가능성에 대한 긍정적 인식을 바탕으로 현세를 온전하게 하는 인간관계의 윤리를 제시하였다. 또한 삶과 죽음의 실존을 다루며 국가 권력과 사회를 조명함으로써 모든 사람을 이롭게 하고 서로 조화를 이루도록 하는 지침을 제시하였다. 그러나 다른 한편으로는 자칫하면 지배층에 기득권을 지나치게 부여하고, 너무 입신양명과출세를 지향하는 세속적인 모습을 보임으로써 모든 사람의 인격을 존중하고, 개인이 지닌 가능성을 인정해야 하는 올바른 마음가짐을 왜곡시킬 우려가 있다.

불교는 삶의 의미를 깨닫고 해탈의 경지에 이르는 방법이 인간 자신에게 있다고 본다. 비록 그 깨달음이 현세적인 것이 아니라 윤회하는 존재의 본질에 관한 것이지만 인간의 가능성을 긍정하는 부분은 고령화에 대비한 정책을 펼치는 데 있어서 중요한 기반이 된다. 그러나 윤회적 관점의 핵심인 업보를 강조하며 선업(善業)을 쌓아야 하는 인간의 노력을 지나치게 강조하다 보면 업적주의로 전락할 수 있고, 다른 한편으로 세속을 허상으로 간주하여 이를 초월한 해탈에 치중하다 보면 선업을 쌓을 근거로서의 논리가 허물어지는 자가당착에 빠질 수 있다.

또한 티벳불교처럼 모든 현상은 공(空)에서 발생한다고 주장하며 지옥이나 천국은 인간 내면의 인식을 투사한 것에 불과하다고 여기는 관점, 즉 모든 지옥과 천국은 인간 안에 존재하며, 자신의 무지를 극복할 때까지 그것들은 객관적인 현실로 경험된다는 주장에 대하여는 현실적인 보완이 필요하다(바우커, 2005, 320).

인간성을 긍정한 유교적 입장의 대표적인 예로서 맹자는 인간의 성선설을 강조하여 모든 사람이 성인이 될 가능성을 지니고 있다고 주장하였고, 순자는 인간성에 내재하는 악이 그 반대되는 극단을 지향한다고 말했으나, 교육이 악을 선으로 이끌 수 있다고 덧붙임으로써 그 역시 인간의 가능성을 긍정하였다(퀑, 줄리아 칭, 1994, 97). 그러나 유교의 가장 큰 공헌은 인간관계의 윤리적 성격을 밝히고 상호연대적인 책임을 강조한 데에 있다(퀑, 줄리아 칭, 1994, 92~93). 일례로 유교의 인(仁)은 항상 인간관계를 전제하는데, 그러므로 인은 부모 및 형제에 대한 자연스러운 사랑에서 출발하여 나라 사랑으로 연결된다.

이와는 대조적으로 기독교의 사랑은 하나님 사랑에서 출발하여 이웃을 향한 보편적 사랑으로 확대된다. 그러나 인간관계에 있어서 사랑의 윤리를 강조하는 기본적인 원칙은 유교의 가르침과 같다. 인(仁)은 효(孝)에서 출발하는데, 이는 기독교 십계명의 제5계명인 "부모를 공경하라"와 같고, 인간관계에 있어서 "자신이 바라지 않는 일을 남에게 하지 말라"(논어, 제12편, 안연 2)는 공자의 가르침 또한 신약성경 마태복음 7장 12절의 "무엇이든지 남에게 대접을 받고자 하는 대로 너희도 남을 대접하라"는 소위 "황금율"이라는 기독교 윤리와 거의 유사하다.

그러나 유교적 인의 개념은 혈연 간의 사랑에서 출발하므로 보편적으로 확대되지 못하면 혈연, 지연, 정실주의에 머물 가능성이 크다(이재율, 2013, 46). 또한 인의 개념이 유교적 사회질서로 적용될 때에 인간관계를 계층화하여 고정시키고 경직시키는 경향은 경계해야 한다(큉, 줄리아 칭, 1994, 107).

기독교는 인간을 전인(全人)적 인격으로 바라보는 통전적 이해를 바탕으로 죽음의 실재와 고통을 부정하지 않고 부활의 약속이라는 보상을 통해 삶과 죽음을 통합한다(바우커, 2005, 155). 죽음이 모든 인류가 피할 수 없는 보편적인 현실인 것처럼 그리스도의 대속 역시 보편적이라는 사실은 인간의 회복과 구원의 가능성을 긍정하는 계기가 되는 것이다(바우커, 2005, 175). 그리스도를 통해 하나님과의 화해와 관계 회복을 이룬 인간의 가능성은 자신을 긍정하고 이웃과의 관계 개선을 이루며 현세에서 하나님의 나라를 이루도록 하는 원동력이 되었다.

일례로 우리나라에서 개신교가 기독교 윤리를 통해 신분제도, 조혼, 축첩제도, 미신숭배 등의 구습을 타파하고 여성의 지위향상 및 근대화를 위한 각성을 일으킨 원동력은 하나님 사랑이 이웃 사랑으로 이어진 보편적인 가르침 때문이었다. 한국 사회는 남북통일은 물론 인구의 4%를 외국인이 차지하는 다문화 사회로 진입하며 결혼이민자, 이주노동자 등을 받아들이는 새로운 과제를 맞이하고 있다. 따라서 고령인구를 향한 시선과 노령층에 대한 사회복지적 차원의 대응책은 통일 이후 및 다문화 사회를 수용하는 역량을 가늠하는 잣대로 작용할 것이다.

2. 종교와 사회

1) 종교와 국가권력

종교가 사회제도의 일환으로 자리 잡는 과정은 종교에 대한 국가의 통제가 정비되는 과정이기도 했기 때문에 국가권력이 종교를 어떻게 정의하고 관련하여 어떠한 정책을 펼치는지 여부가 종교의 존립에 결정적이었다(박명규, 2013, 271). 이는 한국과 중국에서 공통적으로 일어난 현상이다. 유럽에서는 종교개혁 이전에 로마 교황이 절대적인 권력을 휘두르며 가톨릭교회가 유럽 대륙을 통제했고, 세속 정부는 여러 개의 봉건제후국으로 분할되어 교회의 권위 아래에서 제한된 권력을 행사할 뿐이었다.

그러나 중국은 일관되게 통일제국의 전통을 유지해 왔으며, 종교는 결코 이에 맞설만한 세력화를 이룬 적이 없이 개별 종교가 왕조의 총애를 얻기 위해 경쟁하는 모습을 보였다(양경곤, 2011, 322). 다른 한편으로 중국의 각 종교는 서로 배우고 서로의 약점을 보충하며 발전하였는데, 일례로 불교의 선종(禪宗), 유가의 이학(理學), 도교의 전진교(全眞道)[1] 등은 서로 장점을 취하고 단점을 보완하며 새로운 교파와 학파를 이루어왔다(방립천, 2016, 340~341).

중국 내에 존재하는 이념과 종교는 매우 다양하며 일반적인 중국인들 사이에서 지배적인 교조나 사상체계는 존재하지 않는다(브라운, 2014, 40). 그러나 통치이념과 조화를 이루어야 종교적 신념과 조직을 유지할 수 있다는 사실은 중국의 역사를 통하여 체득된 사실이다. 중국 역사에 있어서 한(漢)나라 도교의 황건적 봉기, 남북조 시대 불교단체의 연이은 봉기, 도교의 교파인 전진교가 주도한 금원(金元) 통치에 대한 반란, 청(淸)나라 시기의 백련교 및 태평천국 봉기 등 종교계는 지배왕조에 대항하며 자신의 입지를 구축하려는 노력을 지속해왔다.

이를 경험하며 축적된 중국의 전통적인 종교관념, 특히 지배권력이 체득한 종교관은 종교가 왕실의 수호자로서 왕권을 강화하고 국민을 단합시키는 역할을 수행하는 범위 내에서 이를 인정하고 활용해야 한다는 것이다. 따라서 오늘날의 중국도 교묘한 통제와 관리를 통하여 사회주의 체제유지와 공산당의 선전에 종교를 활용하고자 하며, 종교는 그러한 점을 염두에 두고 권력과 조화를 이루는 노력을 경주해야 한다.

중국에서 종교의 발전 단계는 다음과 같이 나뉜다.

첫째, 기원전 2천 년경부터 전한제국(B.C. 206~A.D. 9)의 말기까지의 전통종교가 중요한 역할을 담당한 시기이다.

둘째, 1~11세기의 도교가 세력을 얻고 불교가 유입되어, 도교, 불교의 두 종교가 기존의 전통종교에 맞서서 주도권을 경쟁한 시기이다.

셋째, 11세기부터 오늘날에 이르는, 종교에 대한 정부의 통제가 안정화되는 시기이다(양경곤, 2011).

우선 불교는 인도라는 타국에서 전해진 신앙이기 때문에 중국의 문화 속으로 진입하기 위해서 통치집단의 인가와 지지를 필요로 했는데, 65년 후한의 명제가 중앙아시아로 사절을 파견하여 불교경문을 가져오는 등, 1~2세기 한나라 황실의 후원으로 도입되어 확산되었다. 불교는 4~5세기의 분열기에 황하강 유역으로 침략해 온 흉노, 몽고, 선비, 돌궐 등의 유목민족에 의한 약탈과 빠른 왕조의 교체라는 혼란기를 거치며 성장하였다. 한나라의 붕괴 이후 전통종교와 유가학설의 핵심인 하늘의 권위에 대한 믿음이 실추되었고, 위진남북조 시대를 지나며 사회질서가 전체적으로 무너진 혼란한틈을 타서 속세를 초월하는 개인적 해탈을 강조하는 소승불교가 득세하게 되었다.

하지만 모든 생명체에 대한 자비와 중생을 구원하기 위한 노력을 개인적 해탈 성취를 위한 수단으로 주장하며, 소승불교의 개인적이고 주술적 차원을 극복한 대승불교가 위기의 시대를 지나며 점차 대중적으로 확산되었다. 5세기에 이르러 불교 발전이 정점에 도달하여 사원제도를 뿌리내리자, 백성들이 사원을 병역과 부역을 벗어나는 피난처로 삼았고 불교단체들이 정부의 권위에 도전하며 477~534년까지 여덟 차례에 걸쳐 무장 반란을 일으켰다. 이처럼 조직화된 불교와 세속 정권의 충돌로 인하여 446년, 574년, 845년, 955년 등 네 차례에 걸쳐 불교에 대한 박해사건이 발생하였고 불교의 전국적 조직력이 와해되는 한편, 10세기 후반에는 천신(天神)과 예하 신령체계에 대한 전통신앙과 유교사상이 정치질서를 유지하는 중요한 기반으로 자리잡았다(양경곤, 2011).

불교에서는 죽음이 깨달음을 위한 중요한 수단으로 활용되는데 죽음이 열반을 성취하기 위한 마지막이자 가장 결정적인 기회이기 때문이다(안양규, 2015, 152). 이처럼 불교는 무상한 세상으로부터의 해탈을 강조하기 때문에 현실의 문제를 해결하고 변혁을 이루는 데에 큰 관심이 없다.

그러나 한국에서 불교는 샤머니즘 등의 전통신앙과 결합하여 기복적인 모습을 보이며 주술적 공리주의로 발전하며 현실적인 측면을 나타냈는데, 그 대표적인 예는 고려 시대의 호국불교이다. 하지만 이는 승려들이 정치권력과 결탁하며 조선 건국 이후로 숭유억불정책이 시행되는 빌미를 제공한 이후에는 은둔적 경향을 보이며 현실의 문제 해결과혁신보다는 수용과 적응의 내향의식을 낳았다(이훈구, 2005, 113~114).

중국은 유교적 가르침, 특히 중화주의[2]를 중심으로 도교와 불교의 통치를 위한 도구로 활용해왔고, 오늘날에는 종교의 자유를 인정하며 기독교 역시 사회주의 이념을 선전하는 도구로 이용하고 있다. 근대 중국의 개방과 더불어 유일신을 강조하는 서양의 기독교가 중국에 전래되는 과정에서 중국의 지식인들은 종교를 활용하여 근대화를 완성하고자 하는 점에 초점을 맞추었다(차차석, 2007, 409). 이는 종교가 국가 위에 군림하며 발전했던 서양과는 전혀 다른 모습이다.

그러나 중국에서는 서구 열강의 침투로 인하여 국가와 개인 모두 자존심 손상을 입으며 종교운동 역시 생명력을 잃던 차에 공산주의가 새로운 신앙으로서의 위상을 차지하며 등장하였다. 봉건왕조가 초자연적 신앙과 유교적 가르침을 권력 운영의 도구로 이용했던 중국은 오늘날 공산주의라는 이념으로서 과거의 종교적 통치 기반을 대체한 것이다.

공산주의에 대한 광신적 믿음은 메시아 약속에 대한 절대적 확신과 같은 것으로 발전하였고, 이는 중국에서의 공산주의 혁명을 성공적으로 이끄는 원동력이 되었다. 그러나 중국 내에서 종교적 영향력은 완전히 사라진 것은 아니며,

따라서 현 중국 정부는 공산주의 이념을 침해하지 않고 통치에 도움이 되는 한도 내에서 종교를 활용하고자 한다. 그러므로 공산정권의 수립 이후 문화대혁명의 어려운 시기를 거치고, 개혁과 개방정책을 통해 국가적 위상이 향상되며 대국으로서 새로운 정체성을 확립하려는 중국은 새로운 정치 이념을 필요로 하기 때문에, 다시금 유교의 전통적 가르침을 이용하여 중국 사회를 이끌어 갈 새로운 실용적 이념을 찾고 있다(박치정, 2017, 63, 94).

위에서 기술한 것처럼 종교화된 공산주의는 중국의 통치이념으로 자리 잡았고, 따라서 유신론적 종교들과 배타적 관계를 형성할 수밖에 없었다. 그러나 공산주의자들은 유신론적 종교를 궁극적으로는 소멸시켜야 한다고 생각하면서도 전통사회를 개혁하고 공산주의를 안착시키는 데 있어서 도움이 되는 한도 내에서는 존속을 허락하였다. 공산당은 향, 초, 지전을 태우는 불교와 민속종교의식에 특별소비세를 부과하여 축소하였고, 반(反)미신운동을 전개하여 미신을 타파하였는데, 이는 오히려 서구종교인 기독교가 중국 내 기존종교와 큰 경쟁없이 안착하는 데에 기여하였다.

중국의 종교정책은 4기로 구분되어 전개되었는데, 1949~57년의 1기에는 중국 사회주의 국가의 성립초기로서 종교의 신앙자유정책이 중시되었으나, 2기인 1958~66

년에는 마오쩌둥이 수정주의를 비판하며 대약진운동을 통해 종교를 착취계급의 사상으로 간주하고 공격하였으며, 1966~76년의 3기에는 문화대혁명 이후 모든 종교 활동을 금지하였고, 1976년 이후인 4기에는 신앙의 자유정책이 다소 회복되었다(라죽풍, 1978, 159). 1999년 10월 제9차 전국인민대표대회 상무위원회 제12차 회의에서 "사교 조직의 단속과 사교활동 방지 및 처벌에 관한 규정"을 발표하며 불교, 도교, 이슬람교, 개신교, 가톨릭의 5대 종교만을 인정하되, 사회주의를 침해하지 않는 범위 내에서만 종교활동을 허용하였다.

중국 공산당이 가장 강력한 위협을 느낀 조직화된 종교는 기독교로서 특히 가톨릭교회는 서구에서 오랫동안 권력과 연관을 맺고 있었기 때문에 더욱 그러하였다. 더구나 공산주의는 반제국주의 투쟁을 강조하므로 중국천주교애국회를 바티칸과 단절하여 독립적으로 운영하도록 하였고, 중국기독교삼자애국운동위원회를 조직하여 기독교를 통제하였다. 그러나 마오쩌둥식 유토피아를 지향하며 문화대혁명 시기를 겪은 중년과 노년의 중국인들은 오늘날 중국의 정치와 사회에 대한 광범위한 비관주의와 이로 인한 영적 공허함으로 인하여 기독교 신앙을 받아들이고 있고, 이로 인하여 기독교 인구가 급증하고 있다(브라운, 2014, 36~37).

2) 종교와 사회

중국에서 종교는 민감한 문제라 학계에서 종교 관련 연구를 진행하는 것은 어려우며 연구를 진행하더라도 그 결과를 신뢰하기 어렵다(루원평, 2013, 306). 그럼에도 불구하고 최근의 연구결과를 살펴보면 불교는 여전히 중국 내에서 영향력을 발휘하고 있고, 특히 기독교는 개혁과 개방으로 인하여 급격한 사회변동을 경험하는 중국인들의 정신적 공백을 메우며 도시를 중심으로 급속하게 증가하고 있다(루원평, 2013, 315). 이는 1960~1970년대 급속한 경제발전과 도시집중으로 인하여 정서적, 영적 위로를 필요로 하는 도시민들을 중심으로 개신교의 가파른 성장을 경험한 한국과 비슷한 현상이다.

오늘날 중국인들은 물질적인 성공을 출세의 기준으로 보는 경향이 강하여 관념적으로는 내면적 수양을 강조하는 유교적 가치관을 인정하지만 이를 실질적인 가치실현의 기준으로 인식하지는 않는다(박영순, 2015, 264). 중국이 한국으로부터 반면교사로 삼을 수 있는 점은 중국은 급격한 서구화를 경험하며 가치관이 붕괴되는 현상마저 발생하고 있으나 한국은 기독교 전래 과정에서 각 종교들이 윤리적으로 통합되는 모습을 보여왔다는 사실이다. 중국 역시 공산주의 이념과 전통의 통합 과정에서 종교적 역할의 중요성이 증대되고 있다.

한국에서 기독교는 불교의 경우와 마찬가지로 철저히 현세적인 행복을 강조하는 기복적 요소를 중심으로 발전하였다. 죽음 이후에 극락왕생(불교) 또는 천국(기독교)에 가기 위한 차원에서 신앙을 강조하지만 궁극적인 관심은 이 세상에서 누리는 데에 있는 현실적 신앙관을 견지하는 것이다(배영기, 2006, 325). 한편 한국 사회는 종교적인 측면에서 다음과 같은 여러 가지 특이한 양상들을 보인다.

첫째, 한국은 종교국가가 아니라 세속국가이지만 총 인구의 절반 이상이 종교를 가지고 있는 사회이고, 종교에 대한 관심와 참여도도 높다.

둘째, 19세기말까지만 해도 서구종교를 철저히 금하던 국가가 불과 1세기 만에 서구보다 더 활발한 기독교인이 존재하는 사회로 변모했으며, 개신교, 불교, 가톨릭이 무시할 수 없을 만큼의 고른 비중을 차지하며 큰 갈등없이 공존하며 상호작용한다(박명규, 2013).

역사적으로 중국은 정치, 경제, 사회, 문화, 종교의 이념이 다원적이며, 시대 변화에 부응하는 실용적 성격을 강하게 보여왔다. 종교적인 측면을 중심으로 살펴보아도 유교, 불교, 도교와 민간신앙이 조화를 이루며 융합해 왔으며, 실리와 명분의 균형을 강조하고 있다. 반면 우리나라는 불교가 번성하던 고려 시대부터 왕권 강화를 위하여 유학을 중심으로 과거제도를 도입했지만 원나라의 지배를 받으며 그 영향력은 미미한 수준에 머물러 있었다. 그러나 유교적 가치를 표방하며 건국된 조선에 이르러서는 중국보다 더 중화적인 나라가 되어 맹목적인 유학에 대한 집착 및 유교적 사대주의에 의해 정태적이고 폐쇄적인 국가로 고착되어 버렸다(박치정, 2017, 73).

중국에서는 이미 주자학의 고착성에 대한 반발로서 양명학과 고증학, 그리고 뒤를 이어 서양을 배우자는 서학과 같은 새로운 사상이 나타났지만 여전히 과거제도를 통한 권력 구조에 편승하며 명나라를 이어 중화의 본가를 자청하는 돌연변이적 유교에 집착함으로써 일제에 나라까지 빼앗기는 어려움을 당한 것이다(박치정, 2017, 82).

이는 오늘날 가톨릭(구교)과 개신교를 합쳐서 기독교가 제1의 종교를 차지한 우리나라의 실정에서도 무조건적 서구식 기독교 교리 및 윤리가 아니라 자국의 상황과 가치를 반영한 성경적 가르침(the Text)과 상황적 적용(the Context)의 균형을 꾀하여야 한다는 교훈을 준다. 종교적 신념이 사변 속에 머물러 있으면서 서구가 중세 시대에 경험한 정교일치(政敎一致)와 같은 양태를 보인다면 서구 사회가 종교개혁의 철퇴를 맞고 수많은 시민혁명들을 겪은 것처럼 오늘날 한국의 기독교 역시 같은 신세를 면치 못할 것이다.

또한 정치적 상황에서도 유교가 실용적 인치와 덕치를 강조하는 올바른 정치철학을 제공함으로써 정치에 공헌하고, 대승불교가 국가 발전에 이바지한 것처럼 기독교 역시 사랑의 윤리의 실천을 통하여 국가 발전에 기여해야 할 것이다. 이를 위하여 기독교는 인간의 기본적인 가치와 인격을 존중하는 구원의 복음을 수호하고, 회복된 인간의 가능성을 긍정하는 균형잡힌 시각으로 정치, 경제, 사회, 문화를 조명하는 노력을 지속하며 시대 정신을 선도하고, 사회와 소통하는 올바른 역할을 수행해야 할 것이다.

3. 국가정책에 대한 함의

1) 의식 개혁 및 제도적 개혁의 지침 제공

고령사회의 문제 해결을 위하여 한중 양국은 삶과 죽음의 종교적 윤리를 활용하여 정책의 목표 및 방향성을 정립하여야 할 것이다. 이는 인간 생애를 통전적으로 바라보도록 하기 위하여 국가와 종교 간에 지속적인 소통의 노력이 경주되어야 함을 시사한다. 종교는 교리적 이론과 실제적 삶의 균형과 통합을 도모하는 연구의 지속 및 사회참여를 실천하여 국가정책의 수립 및 보완, 발전에 공헌하여야 한다. 이는 궁극적으로 노인들이 평안하고 윤택한 삶을 누리는 것은 물론, 존엄사 및 호스피스 등 차분히 임종을 맞이하며 생을 정리하도록 돕는 실질적인 사항을 포함하여야 한다.

인구 고령화의 문제를 맞이하고 있는 한국과 중국, 양국은 기존의 것과는 판이하게 다른 의식개혁을 필요로 한다. 특히 저출산과 고령화로 인하여 의료비를 포함하여 각종 사회보장의 부담에 직면한 중국은 전염병과 성인병 예방 및 이를 위하여 경제발전을 담보로 한 심각한 대기와 수질 오염 등 환경문제에 대하여도 인식을 개선하여야 한다.

신체적 건강 보장을 위해서는 정신적 건강을 보장하는 것이 선결과제가 된다. 또한 정부의 역할에 대하여 너무 많은 책임과 과제를 부여해서는 안 될 것이다. 아직 경제 수준이 충분히 발전하지 않은 중국에서 높은 수준의 서구형 사회복지를 보장하는 것은 불가능하므로 국민들의 기본적인 생존권을 보장하는 데에 초점을 맞추어 지속적이고 안정적인 제도를 확립하는 데에 심혈을 기울여야 한다(최금해, 2008, 107).

우리나라 역시 한정된 재원을 가지고 사후적인 노인복지에 초점을 맞추는 것보다 예방적 차원의 복지정책을 펼쳐야 한다. 일례로 노인 건강에 있어서 중점적인 과제는 질병의 치료가 아니라 질병예방과 건강증진을 통한 건강수명의 연장이 되어야 한다(선우덕, 김세진, 모선희, 2012, 5). 이는 생활습관의 개선을 통해 만성질병의 발병을 낮추며 정신건강의 증진을 도모하는 방안이 마련되어야 함을 시사한다. 단순히 노령인구의 증가로 인한 사회보장의 부담을 경감하기 위하여 정년의 연장 및 노년층의 고용을 유도하는 정책은 근시안적이며, 지속적인 고용의 유지가 노년층의 삶의 가치 증진 및 자존감 향상 등에 기여할 수 있도록 정책을 마련하고, 이를 전개해야 할 것이다.

우리나라는 1981년 6월 5일 노인복지법 제정 이후 수십회 개정을 통하여 노령인구의 사회적 필요에 부응하는 노력을 기울여왔다. 우리나라의 노인 관련 사회보장제도에는 소득보장, 고용보장, 주거보장, 의료보장, 노인복지서비스 등으로 구분되어 있지만 아직까지는 "선 가정보호, 후 사회보장"의 수준에 머물러 있다(신현숙, 최정철, 최충곤, 2012, 18). 이는 급격한 고령화에 비하여 저출산으로 인하여 사회적 부양역량의 기초가 되는 경제활동인구가 줄어들기 때문에 더욱 시급한 대책마련이 필요한 실정이다. 따라서 지속적인 경제의 성장을 견인할 수 있도록 산업구조를 선진화하고 미래형 산업을 지속적으로 육성해야 한다.

중국과 선진국의 고령화 진행과정에는 여러 가지 차이가 있는데, 중국의 경우 다른 선진국들과는 달리 첫째, 고령화의 진행속도가 유례없이 빠르고, 둘째, 경제와 사회의 변화가 동시에 일어났으며, 셋째, 농촌의 고령화가 도시의 고령화에 비하여 훨씬 빠른 속도로 이루어지고 있다는 점이다(정기혜, 김용하, 이지현, 2012, 66). 요약하면 중국은 급격한 경제발전과 더불어 고령화가 더욱 가파르게 진행됨으로써 충분히 대비할 수 있는 시간적 여유 없이 고령화를 맞이하였다. 사회보장과 노인복지제도의 정비, 인구정책의 확보 및 공익성 강화 등의 과제에 동시에 직면한 것이다.

중국은 문화대혁명 이후인 1978년부터 중국공산당과 정부의 공식문서를 통해 마오쩌둥 시대의 "사람에 의한 통치" 시대에서 "법에 의한 통치" 시대로 이전했다는 언급을 통해 법치주의를 확립하고자 하는 의지를 천명하였다(브라운, 2014, 160). 이후 460여 개 법안이 통과되었으며, 새로운 규정들을 도입하였다. 일례로 중국의 부유층 중에서 상당수가 미국, 캐나다, 호주 등으로 원정출산 및 이민을 떠나는 상황 속에서 2004년 중국의 개정 헌법은 개인의 인권 보장 및 재산권을 보장한다고 명시하였다.

그러나 고령화의 문제를 해결하기 위한 핵심적 과제는 지속적인 성장에 있는데, 성장없이 사회보장을 담보할 수 없기 때문에 그 효과성에는 의문이 제기된다(장위엔, 2010, 415). 게다가 중국의 중산층들에게 있어서 국가가 제공하는 사회복지제도는 매우 취약하기 때문에 그들은 이에 대한 재정을 스스로 충당해야 한다고 생각하여 보수적인 소비와 적극적인 저축의 성향을 보이고 있다(브라운, 2014, 190). 이는 지속적인 경제 성장의 걸림돌로 작용하여 향후 고령화 문제를 해결하는 데에도 장애가 될 전망이다.

그러나 한 가지 희망이라면 전통 유가사상의 영향을 받은 중국인은 애국심이 강하며 국가정책에 대한 동조의식이 강하다는 사실이다(양판, 2017, 330~331). 따라서 단기간 내에 인구통제정책을 성공적으로 수행한 중국은, 과거에 계획출생정책을 전담하는 부서의 광범위한 홍보와 관료들이 한 자녀만 출산하는 모범을 보였던 것처럼, 앞으로도 국민들의 애국심과 책임의식을 고취시키는 정책을 펼쳐야 한다. 한국 역시 종교 윤리를 활용하여 정책에 대한 합의를 이끌어내고 가정, 종교단체, 사회, 국가가 협력하여 고령화 문제에 대처하여야 할 것이다.

결국 고령화 문제를 조명하고 바람직한 해결방안을 도출하기 위해서는 삶과 죽음, 양자를 모두 긍정하는 자세가 필요하다. 노령인구의 증가로 인한 의료비용 증가와 사회부담을 우려하는 목소리는 한편으로는 타당하지만 다른 한편으로는 그렇지 못하다. 일례로 세계보건기구(WHO)는 2050년이 되면 전세계 치매 노인의 수는 1억 1,500만 명으로 증가하며, 이로 인하여 매년 2조 달러(한화로 약 2,400조 원)의 비용이 들 것을 우려하지만 그것은 의학의 진보와 예방책의 발견이라는 측면을 간과한 것이다(Milken, 2014, xvi). 고령사회의 과제가 복잡한 것만큼이나 이를 해결할 수 있는 기술의 발전 역시 더욱 강력하고 정교해졌기 때문이다. 결국 고령화에 대한 대비책은 삶과 죽음을 포괄한 인간 존재에 대한 통전적 가치를 인정하는 데에서 시작한다.

지난 2002년 4월, 스페인의 마드리드에서 유엔 국제 고령화 행동계획(The United Nation's Internaional Plan of Action on Ageing)이 채택되고 10년 후인 2012년에 유럽연합(European Union)은 2012년을 "활기찬 노후와 세대 간 유대를 위한 유럽의 해"로 선언하였다. "활기찬 노후"(active ageing)란 세계보건기구(WHO)에서 2002년 "고령화되어 감에 따라 삶의 질을 향상시키기 위하여 건강, 사회참여 및 안전에 대한 기회를 극대화하는 과정"으로 정의한 바 있으며, 유럽연합 각국들은 활기찬 노후를 보장하기 위하여 노령층뿐만 아니라 담당 실무자의 역량 강화 및 노인들이 직접 프로그램 개발에 참여하여 자신들의 요구사항을 반영하도록 하고 있다(선우덕, 김세진, 모선희, 2012, 5, 25).

한중 양국 역시 재정적인 지원에만 초점을 맞출 것이 아니라 노년층을 직접 사회보장 프로그램에 참여시켜서 맞춤식의 서비스를 제공하는 한편, 실무자 역량 강화를 통해 효율성을 확보하여야 한다. 또한 단순히 경제적인 면에만 초점을 맞출 것이 아니라 특화된 프로그램을 개발하여 고령화가 지속될수록 연령차가 확장되어 다차원적인 필요를 제기하는 노령층의 다양한 요구에 부응하여야 한다. 중국에서 노인대학은 노년층의 가장 광범위한 지지를 받는 형태의 사회복지 서비스에 속하며, 가장 중국적 특색이 있는 노인복지사업으로 손꼽힌다는 사실은 이에 대하여 시사하는 바가 크다(오정수, 2006, 196).

2) 노년에 대한 편견 제거를 통한 고용 기회의 확대

　삶과 죽음을 통전적으로 조명하는 종교의 사회적 역할 수행은 노인의 경제활동과 관련한 연령차별주의[3]와 같은 편견을 제거하여 노령층의 고용 기회를 확대함으로써 삶의 질을 개선한다. 현재 전 세계 국가들이 고령화를 둘러싸고 가장 시급하게 논의하는 초점은 주로 노년층이 은퇴한 이후에 빈곤하지 않게 살도록 하는 방법에 맞추어져 있다. 따라서 각국들은 연금 규모뿐만 아니라 연금의 지급방식과 그러한 지급방식이 지속 가능한 것인지를 가늠하는 데에 총력을 기울인다(Heymann, 2014, 115). 또한 연금 지급과 관련하여 노령 연금을 받는 노년층과 경제활동을 통해 그들을 부양하는 젊은 세대의 이해가 상충되고 대립되는 방향에서만 조명한다.

그러나 일하기를 희망하는 노년층에게 기회를 주기 위하여 그들의 노동시장 진입을 가로막는 장벽과 편견을 없애고, 직업훈련과 경력 향상의 기회를 부여하는 것과 관련한 정책에는 별로 관심을 갖지 않는다. 노인의 빈곤율은 연금액 수준과도 관련이 있지만 고용률과 더욱 깊은 상관관계를 보이며, 고용의 형태가 임시직일 경우 빈곤율의 측면에서 개선 효과는 미미하다(선우덕, 김세진, 모선희, 2012, 98).

공공 부문과 기업이 협력하여 나이 차별을 금지하는 법적 토대를 마련하고, 전 생애에 걸쳐 직업훈련을 받을 수 있는 기회를 제공하는 한편, 시간제 근무를 희망하는 노년층의 기대에 부응하여 탄력적 근무제를 적용하면 노년층의 재정적, 정서적 안정은 물론 사회 전체에도 노년층을 지지하는 부담이 줄어들게 된다.

사회가 노년층에 대하여 가지고 있는 삶과 죽음에 대한 편견, 즉 나이가 들면 신체적 기능과 함께 인지능력의 상실 등으로 무가치한 존재로 전락한다는 편견을 수정하면 보다 활기차고 건강한 사회를 조성할 수 있다. 유급 노동 또는 봉사활동에 종사하는 노인들은 그렇지 않은 노인들에 비하여 삶에서 얻는 만족도가 훨씬 높아서 보다 높은 수준의 정서적인 건강을 유지하였고, 신체적인 활력을 유지하여 더 건강했으며, 정신적, 신체적인 문제가 발생했을 때의 회복력 또한 높았다(최성훈, 2017a, 163; Choi, 2015, 95). 이는 사회의 활력을 유지하는 동시에 노년층에 대한 의료부담을 경감시킨다. 또한 노년층의 경제활동 증가는 가계 소득 증가와 소비 진작을 통해 경제발전에 공헌한다.

일각의 오해와 달리 노년층의 경제활동 증가로 청, 장년층의 고용이 감소했다는 연구 결과는 존재하지 않으며, 그러한 우려는 19~20세기에 여성들이 노동 시장에 진입할 때에도 일자리를 잃을까 하여 반감을 보인 남성 노동자들이 가지고 있었던 기우였다(Heymann, 2014, 123). 오히려 노년층의 경제활동으로 소비가 진작되고 경제가 성장함으로써 더 많은 일자리가 창출되고, 은퇴자에 대한 노령 연금 등의 사회보장 부담도 경감된다.

미국을 비롯하여 아시아, 유럽, 남미, 아프리카 등 40여 개 국의 연구에 의하면 노년층은 자녀 세대와 손주 세대에 소득을 이전하므로 가계의 구매력 증가로 인하여 경제에는 긍정적 영향을 주기도 한다(Heymann, 2014; Juarez, 2010; Albertini, Kohli, and Vogel, 2007; Case and Menendez, 2007; Grundy, 2005; Fritzell and Lennartsson, 2005).

　한국과 중국의 종교는 교리를 중심으로 하는 사변적 차원에 머물러 있을 것이 아니라 실제적인 삶과 죽음을 다루는 주제들에 대한 조명을 통하여 개인과 사회, 국가가 나아갈 방향을 제시하여야 한다. 특히 한국 사회의 다수를 차지하는 신도들을 보유하였고, 중국에서도 가파른 성장세를 보이는 기독교는 빛과 소금의 역할(마 5:13-16)을 강조한 예수 그리스도의 복음의 참다운 의미를 사회 속에서 실천하여야 할 것이다.

5장

결론 및 제언

 오늘날 한국의 대표적인 종교인 기독교는 교회의 세속화 및 맹목적인 문자적 교리 강조 등의 교조화로 인하여 사회에서 빛과 소금의 역할을 제대로 수행하지 못하는 모습을 종종 노출하고, 서구화된 사회의 모습은 전통적인 인간관계의 예의를 중시하는 유교적 가치관을 배제하고 있다. 불교 역시 대중들의 삶의 자리로 나아가 진취적으로 뿌리를 내리고 충실한 현세적 삶을 영위하도록 인도하는 데에는 부족한 면을 드러낸다.

 한편, 중국에서 유교는 공산당 정권의 존립을 위한 도구로 활용되고, 불교와 기독교 역시 공산주의 정권에 야합하는 모습을 통해 명맥을 유지하는 측면이 강하다. 그러나 이는 종교 본연의 모습을 잃은 것이며, 서양에서 교황의 수위권을 바탕으로 각국의 왕권을 종교 권력이 인정하던 "왕권신수설"(王權神授說)과도 유사한 것이다. 종교가 그 본질적 가치를 잃는 순간 인본주의의 시녀로 전락하고 만다. 따라서 종교는 본연의 자리를 지키며 교리의 가르침이 삶을 조명하도록 하여 모든 사회 구성원이 풍성하고 평안한 삶을 누리도록 하는 데에 헌신해야 한다.

종교가 변질될 때에 교조화되어 삶을 윤택하게 하는 것이 아니라 오히려 삶을 압제하는 도구로 전락한다. 일례로 중화적 가치가 내재된 유교의 화이관은 중국을 중심으로 남만(南蠻), 북적(北狄), 서융(西戎), 동이(東夷)를 구별하고 이들이 중국을 존경해야 한다는 사상을 강조하였다. 이는 천리에 따른 도덕을 명분으로 주종관계의 당위성을 주장하는 정복과 지배의 이데올로기로 변질된 것이다(박치정, 2017, 42).

기독교 역시 하나님께 택함을 받았다는 "선민사상"에 의해 자민족 중심주의에 빠진 유대교의 독선을 반면교사 삼아 배타주의적 인본주의를 지양하고 그리스도의 사랑을 바르게 실천할 수 있도록 하는 지침을 삼아야 할 것이다. 석가가 버리라고 한 것은 인간 삶에 대한 욕망이 아니라 욕망에 대한 집착이었다는 사실을 간과해서는 안 될 것이며, 따라서 삶을 풍요롭게 하는 과업이 자연스러운 것임을 인정해야 한다. 이를 위하여 한국과 중국은 유교, 불교, 기독교의 교류를 통하여 변화하는 시대를 조명하고 선도할 수 있는 새로운 윤리 및 정책적 지침을 개발, 실천하여 종교는 물론 정치, 경제, 사회, 문화 분야의 선진화를 실현할 수 있어야 하겠다.

고령사회를 대비한다는 것은 고령 노인들의 평안하고 안락한 삶을 위해 헌신한다는 의미를 내포한다. 제도와 형식을 통한 대비는 미봉책에 불과하고 자칫하면 생색내기로 전락할 수 있다. 제도 자체의 구축이 목적이 되면 이는 단순한 명분을 쌓는 전시행정으로 전락할 수 있고, 그러한 접근은 표만을 의식하는 근시안적 정책 전개의 증거가 되는 셈이다.

따라서 고령사회를 조명하는 가장 중요한 종교적 과제는 인간의 가치와 인격을 존중하며, 인간성 자체에 대한 애정과 배려라는 본질을 견지하는 것이다. 삶과 죽음, 육체와 정신(영혼), 현세와 내세에 대한 각각의 필요 및 함의를 포괄하는 균형잡힌 시각이 그러한 본질을 수호하는 발판이 된다.

그러한 종교적 본질에 바탕을 둔 박애주의적인 진실한 관심과 애정은 제도적 측면을 뛰어넘어 사회복지의 주된 수혜자인 노령층의 정서적이고 영적인 만족도를 증대시킬 것이다. 참된 사랑은 자아를 부인하는 희생과 헌신을 낳으며, 그것이 바로 십자가에서 인류의 죄에 대한 속죄와 구원을 이룬 그리스도를 따르는 모습이다. 이는 "죽음을 산다"는 역설적인 말의 의미이며, 자신을 부인하는 것이 더욱 풍성하고 윤택한 만족을 누리는 기반이 된다(전봉순, 2013, 163).

죽음에 대한 모든 기독교인의 관점은 그리스도의 삶과 고난에 기초하고 있다(크레이머, 2015, 243). 이는 구원을 얻은 자는 이웃을 섬겨야 한다는 책임을 제시하는 것이며, 사랑의 실천을 위한 고난이 또 다른 구원의 열매를 맺는다는 사실을 가리킨다. 예수는 그것이 자신에 대한 섬김이라고 말하며 그러한 이웃 사랑의 의무를 강조하였다(마 25:35). 따라서 종교는 그 본연의 가치를 중심으로 현세적 삶을 풍요롭게 하는 섬김의 직분을 올바로 수행해야 할 것이며, 그 가운데 고령사회는 차분히, 그리고 평안히 다가올 것이다.

참고문헌

공자.『논어』. 김형찬 역. 개정판. 서울: 홍익출판사, 2005. (원전 연대미상)

권중돈.『노인복지론』. 6판. 서울: 학지사, 2016.

김승건. "인구: 고령사회 진입원년... 저출산, 고령사회에 적극 대처해야", 한경비지니스, 머니 공편.『대전망 2017』, 132~136. 서울: 한국경제신문사, 2016.

김종성.『한국, 중국, 일본, 그들의 교과서가 가르치지 않는 역사』. 고양: 역사의 아침, 2015.

김학도.『한국의 전통상제와 성경적 장례의식』. 서울: 바른신앙사, 1991.

대한불교조계종 교육원 불학연구소.『계율과 불교윤리』. 서울: (주)조계종 출판사, 2011.

라죽풍.『중국사회주의 시기적 종교문제』. 상해: 상해사회과학원 출판사, 1987.

랴오이우.『붉은 하나님』. 박명준 역. 서울: 새물결플러스, 2014.

루원펑. "현대 중국종교의 발전." 정근식, 씨에리종 편.『한국과 중국의 사회변동 비교연구』, 299~322. 파주: (주) 나남, 2013.

박명규. "현대 한국의 사회와 종교." 정근식, 씨에리종 편.『한국과 중국의 사회변동 비교연구』, 267~298. 파주: (주) 나남, 2013.

박영순. "중국인, 무엇을 추구하며 사는가?" 국민대학교 중국인문사회연구소 편.『사회과학도를 위한 중국학 강의』, 253~286. 고양: 도서출판 인간사랑, 2015.

박치정.『한국 속 중국: 중국의 정치문화와 한중관계』. 서울: 도서출판 삼화, 2017.

방립천.『중국문화와 중국종교』. 김승일, 채복숙 역. 파주: 경지출판사, 2016.

배영기.『죽음에 대한 문화적 이해』. 파주: 한국학술정보, 2006.

불교성전편찬회.『불교성전』. 서울: 동국역경원, 2002.

선우덕, 김세진, 모선희.『선진국의 고령사회정책: 유럽국가의 활기찬 노후정책을 중심으로』. 서울: 한국보건사회연구원, 2012.

순자.『순자』. 김학주 역. 서울: 을유문화사, 2008. (원전 연대미상).

신현숙, 최정철, 최충곤.『고령화 사회의 현황과 대안』. 서울: 한림원출판사, 2012.

안양규.『불교의 생사관과 죽음교육』. 서울: 도서출판 모시는 사람들, 2015.

안옥현.『기독교 장례의식의 길라잡이』. 서울: CLC, 2015.

양경곤.『중국 사회속의 종교』. 중국명저독회 역. 의왕: 글을읽다, 2011. (Original Work Published 1960).

양판.『인구 변화 속에서 중국이 나아가야 할 길』. 김승일 역. 파주: 경지출판사, 2017.

오영희. "노인의 건강실태와 정책과제",「보건복지포럼」223, (2015): 29-39.

오정수.『중국의 사회보장』. 파주: 집문당, 2006.

이민호.『동서양 문화교류와 충돌의 역사』. 파주: 한국학술정보, 2009.

이성무.『조선의 유교체제와 동양적 가치』. 서울: 푸른사상사, 2016.

이용주.『죽음의 정치학』. 서울: 도서출판 모시는 사람들, 2015.

이은봉.『여러 종교에서 보는 죽음관』. 서울: 가톨릭출판사, 1966.

이이지마 와타루, 사와다 유카리.『중국의 사회보장과 의료: 변화하는 사회와 증가하는 리스크』. 이용빈 역. 파주: 도서출판 한울, 2014.

이재율.『종교와 경제: 유교, 불교, 기독교의 경제윤리』. 서울: 탑북스, 2013.

이중표.『현대와 불교사상: 불교에서 본 인간, 자연, 생명』. 광주: 전남대학교 출판부, 2010.

이훈구.『비교종교학』. 서울: 은혜출판사, 2005.

장위옌. "중국굴기와 국게 경제질서의 미래." 문정인 저.『중국의 내일을 묻다』. 395~420. 서울: 삼성경제연구소, 2010.

전봉순. 『죽음: 성경은 왜 이렇게 말할까?』. 서울: 바오로딸, 2013.

정기혜, 김용하, 이지현. 『주요국의 사회보장제도: 중국』. 서울: 한국보건사회연구원, 2012.

정영호, 고숙자, 김은주. 『효과적인 만성질환 관리방안 연구』. 서울: 한국보건사회연구원, 2013.

정첸. 『중국의 민족과 종교』. 정현주 역. 서울: 교우사, 2013.

존 바우커. 『세계종교로 보는 죽음의 의미』. 박규태, 유기쁨 역. 파주: 도서출판 청년사, 2005.

차차석. 『중국의 불교문화』. 서울: 운주사, 2007.

최금해. 『중국의 사회보장』. 서울: 나눔의 집, 2008.

최성훈. 『6하원칙을 통해 본 기독교교육』. 서울: CLC, 2016a.

_____. 『성경가이드』. 서울: CLC, 2016b.

_____. 『고령사회의 실버목회』. 서울: CLC, 2017a.

_____. 『새가족가이드』. 서울: CLC, 2017b.

최영진. 『유교사상의 본질과 현재성』. 서울: 성균관대학교출판부, 2002.

추 차이, 윈버거 차이. 『유가철학의 이해』. 김용섭 역. 부산: 도서출판 소강, 2011.

케네스 크레이머. 『죽음의 성스러운 기술』. 양정연 역. 파주: 도서출판 청년사, 2015.

케리 브라운. 『현대 중국의 이해』. 김흥규 역. 서울: 명인문화사, 2014.

한스 큉, 줄리아 칭.『중국 종교와 그리스도교』. 이낙선 역. 경북: 분도출판사, 1994.

허암.『불교에서의 죽음 이후, 중음세계와 육도윤회』. 서울: 예문 서원, 2015.

황주희, 김성희, 노승현, 강민희, 정희경, 이주연, 이민경.『장애 노인 대상의 통합적 복지서비스 제공을 위한 정책 방안』. 세종: 한국보건사회연구원, 2014.

Albertini, M., Kohli, M., and Vogel, C. "Intergenerational Transfers of Time and Money in European Families: Common Patterns – Different Regimes?" *Journal of European Social Policy 17(4)*, (2007): 319-334.

Case, A., and Menendez, A. "Does Money Empower the Elderly?: Evidence from the Agincourt Demographic Surveillance Site, South Africa." *Scandinavian Journal of Public Health 35(69)*, (2007): 157-164.

Choi, Seong-Hun. "The Relationship between Religious Volunteering and the Faith of Seniors." *Journal of Christian Education and Information Technology 27*, (2015): 89-105.

Fritzell, J., and Lennartsson, C. "Financial Transfers between Generations in Sweden." *Ageing and Society 25(6)*, (2005): 397-414.

Grundy, E. "Reprocity in Relationships: Socio-Economic and Health Influences on Intergenerational Exchanges netween Third Age Parents and Their Adult Children in Great Britain." *British Journal of Sociology 56(2)*, (2005): 233-255.

Heymann, Jody. The Mature Workforce: Profiting from All Abilities. In *The Upside of Aging: How Long Life is Changing the*

World of Health, Work, Innovation, Policy, and Purpose, ed. Paul Irving, 113-130. Hoboken, NJ: John Wiley & Sons, Inc., 2014.

Hobbs, Thomas. *Leviathan*. New York, NY: Penguin Books, 1982. (Original Work Published 1651).

Juarez, L. "The Effect of an Old-Age Demogrant on the Labor Supply and Time Use of Elderly and Non-Elderly in Mexico." *B. E. Journal of Economic Analysis and Policy 10(1)*, (2010): 1-25.

Milken, M. Foreword. In *The Upside of Aging: How Long Life is Changing the World of Health, Work, Innovation, Policy, and Purpose*, ed. Paul Irving, xi-xvii. Hoboken, NJ: John Wiley & Sons, Inc., 2014.

Weber, Max. *The Protestant Ethic and the Spirit of Capitalism*. trans. Peter Baehr and Gordon C. Wells. New York, NY: Penguin Books, 2002. (Original Work Published 1905).

웹사이트(Websites)

국제 연합(UN: The United Nations). www.un.org
보건복지부. www.mohw.go.kr
세계보건기구(WHO: World Health Organization). www.who.int
유럽 연합(EU: European Union). https://europa.eu
중국전문가포럼. http://csf.kiep.go.kr
통계청. www.kostat.go.kr
한국무역협회. http://stat.kita.net

미주

2장 한국과 중국의 고령화 현황

1 UN(United Nation)의 분류에 의하면 전체 인구 중에서 65세 이상의 인구 비중이 7% 이상이면 고령화사회(ageing society), 14% 이상은 고령사회(aged society), 20% 이상은 초고령사회(super-aged society)에 해당한다.

2 노년부양비는 65세 이상 인구를 경제활동인구인 15~64세 인구로 나누고, 이에 100을 곱한 비율로서 18.1이라는 숫자의 의미는 경제활동인구 100명이 65세 이상 노인 18.1명을 부양해야 한다는 것이다. 따라서 노인 한 명을 부양하는 생산가능인구의 수는 5.5명인 셈이다.

3 노령화지수는 14세 이하 유소년인구 100명에 대한 65세 이상 고령인구 100명의 비율로서, 이 지수가 높아질수록 전체 인구에서 노인인구가 차지하는 비중이 높은 것이다. 노령화지수의 상승은 사회의 노년층 부양에 대한 부담 증가로 이어져 사회적 활력을 저하시키는 요인이 된다.

4 한 자녀 정책으로 인하여 발생한 가장 심각한 문제는 남녀 간의 성비 불균형이다. 중국 사회과학원에서 2010년에 발표한 "사회청서"에 의하면 중국의 19세 미만 남녀의 성비는 118.06대 100으로서 심각하게 불균형적이며, 매년 출생하는 100명의 여아에 대응하는 동일 연령의 남아는 123.4명에 달한다(정기혜, 김용하, 이지현, 2012, 67~68).

5 중국의 사회보장제도는 설립시기(1950~1956년), 발전시기(1957~1966년), 정지시기(1966~1977년), 그리고 개혁시기(1978~1993년)로 구분된다.
설립시기에 중국인민정부 정무원에서는 노동부와 내무부를 설립하여 각각 노동보험과 사회복지 업무를 담당하게 하였다. 1951년 2월 정무원에서는 "중화인민공화국 노동보험조례"를 발표하였고, 1955년말까지 국가기관 공무원의 사회보험제도를 완비하였다.
발전시기인 1958년 노동부는 "국무원에서 노동자, 직원 정년퇴직처리에 관한 임시실행규정"을 토행 정년퇴직 관련 사항을 보완하였고, 1958년 3월 전국인민대표대회상무위원회는 "국무원에서 공인, 직원 퇴직처리에 관한 임시실행규정"을 공포하여 노동자들의 퇴직조건과 퇴직기준을 통일하였다. 1965년 위생부와 재정부에서는 "무료 진료 관리문제 개선에 관한 통지", 1966년 노동부와 중화전국총공회는 "기업직공 노동보험 의료제도 몇 가지 문제에 관한 통지"를 반포하였다.
정지시기에는 문화대혁명으로 인하여 정치, 경제, 문화 등의 영역의 피해는 물론 사회보장 프로그램은 수정주의로 간주되어 비판을 받음으로써 정상적인 업무가 진행되지 못하였다.
1978년 중국공산당 11기 3중전회 이후 개혁시기로 접어들면서 기업직공퇴직금 사회통합, 무료진료와 노동보험 의료개혁, 국영기업직공 실직보험제도, 물가보조금제도, 여직공 생육보험제도, 농촌기층 사회보장제도, 농촌구제공작 등 사회보장제도가 개혁되었고, 개혁범위 역시 국유기업 직공들의 연금, 실업보험 제도개혁에서부터 의료보험, 사회우대 부양조치, 사회구제, 국유기업 하강직공 최저생활보장제도, 도시주민 최저생활제도 등 전면적으로 개편되며 확대, 적용되었다. 중국의 사회보장제도와 관련한 자세한 사항은 "최금해, 『중국의 사회보장』. 서울: 나눔의 집, 2008." pp. 29~44를 참조하라.

6 공산주의 신 중국(중화인민공화국) 설립 이후 중국의 인구정책은 네 단계로 구분된다.
1단계는 1949년 신(新) 중국 설립부터 1970년대까지의 시기로서 인구를 무조건 통제하지 않고 출산정책을 조정하는 데에 주력했던 "인구정책의 준비" 시기이다. 경제 회복과 의료위생의 개선으로 인하여 사망률이 감소하고 출생률 역시 높은 시기이다.

2단계는 인구 이론 연구가 진행되고 인구계획이 당과 국가정책의 지도를 받으며 국무원이 행정법규와 지방법규를 통해 지위를 확고히 한 시기로서 1970년~1990년대 말까지가 이에 속한다. 1971년 국무원은 "출산정책을 위한 보고"를 지시하였고, 인구 억제정책이 처음으로 국민경제발전계획에 포함되었다. 1980년 중국 정부는 "중국 인구성장 통제문제의 전체 공산당원과 공청단원에 대한 공개서"를 발부하고, 1981년 전국인민대표 5회 4차 세미나에서 인구를 제한하고 인구의 수준을 높일 것을 제안하였다. 이에 따라 1982년 중국공산당 제12대는 출산정책의 확정을 기본 국책으로 실시하였다. 1991년 중국 공산당 중앙위원회는 "출산정책사업을 증강하는데 관한 엄격한 인구증가 통제의 결정"을 발표하며 인구문제의 중요성과 긴박성을 인지시키고자 하였다.

3단계는 인구정책이 입법에 반영되어 성숙해지고, 안정적으로 저출산이 시행된 단계로서 2000년~2006년 말까지에 해당한다. 2001년 12월에 발표된 "인구와 출산정책"은 중국의 인구정책이 성숙화 단계로 접어들었음을 증명한다.

4단계는 인구정책이 출산정책 작업의 계획과 인구문제 해결을 완성하는 단계로서 2007년부터 오늘날에 이르는 시기이다. 2006년 12월 중국 공산당 중앙위원회와 국무원은 "인구와 출산정책 사업계획과 인구문제를 해결하는데 관한 전면적인 결정"을 통해 중국의 인구와 출산정책사업이 새로운 단계에 진입하였다는 것을 보여주었다. 중국의 인구정책 관련한 자세한 사항은 "정기혜, 김용하, 이지현, 『주요국의 사회보장제도: 중국』. 서울: 한국보건사회연구원, 2012." pp. 72~75를 참조하라.

3장 삶과 죽음에 대한 종교적 이해

1 근대 이전의 중국 역사를 간략하게 요약하면 하(夏, B.C. 2070~1600)-은(殷, B.C. 1600~1046)-주(周, B.C. 1046~770)-춘추 시대(春秋時代, B.C. 770~476)-전국 시대(戰國時代, B.C. 476~221)-진(秦, B.C. 221~206)-한(漢, B.C. 220~서기 206)-위진남북조(魏晉南北朝,

220~589)-수(隋, 581~618)-당(唐, 618~907)-오대십국(伍代十國, 907~960)-송(宋, 960~1279)-원(元, 1206~1368)-명(明, 1368~1644)-청(淸, 1644~1911)으로 정리할 수 있다.

2 음양오행설(陰陽伍行說)은 우주와 인간의 모든 현상이 음(陰)과 양(陽)의 쌍으로 나타난다는 음양설(陰陽說)과 음과 양이 네 가지 기운인 생로병사(生老病死)에 따라 확장, 수축함을 통해 금(金), 수(水), 목(木), 화(火), 토(土)의 다섯 가지 원소가 나타난다는 오행설(伍行說)을 통칭한다.

3 조선은 정월에 새해인사를 하는 정조사(正朝使), 황제의 생일을 축하하는 성절사(聖節使), 황태자의 생일을 축하하는 천추사(千秋使), 그리고 연말에 보내는 동지사(冬至使) 등, 매해 네 차례나 중국(명, 청)에 사신을 파견하여 조공을 바치고 예를 갖추었다. 그러나 조공을 물물교환 형식의 무역 행위로 보아서 사신이 지나가는 지방의 관청과 백성들이 사신단을 대접하고 선물을 하는 예를 갖추다가 오히려 적자가 났고, 이를 줄이려고 일본의 사신을 10년에 한 번만 허용한 명나라가 임진왜란을 자초했다는 해석도 있다. 이와 관련한 자세한 내용은 "김종성, 『한국, 중국, 일본, 그들의 교과서가 가르치지 않는 역사』. 고양: 역사의 아침, 2015"을 참조하라.

4 그는 또한 일제가 조선의 땅을 빼앗고 식민지하기 위하여 1910~1918년에 벌인 토지조사사업에서 집권세력으로서 관직을 보유하며 기득권을 유지했던 서울 중심의 기호계는 몰락하게 되었고, 정권에서 소외되었던 영남과 호남계는 지주로서 자녀들을 해외로 유학시키며 후일을 기약함으로써 대한민국정부 수립 이후에 영남계는 이승만의 자유당에서 관료가 되거나 재벌로 성장하였고, 호남계는 야당인 한민당을 통해 정치활동을 전개함으로써 정국은 영남계와 호남계에 의하여 주도되었다고 지적하였다.

5 오상(伍常)은 맹자가 주장한 인, 의, 예, 지에 한나라 초기 동중서가 신

을 추가하여 종합한 덕목이고, 삼강오륜(三綱伍倫)은 보다 구체적인 인간관계에서 적용되는 덕목으로서 역시 동중서가 체계화한 것이다. 삼강은 신하는 임금을 섬기는 것이 근본이고(군위신강), 아들은 아버지를 섬기는 것이 근본이며(부위자강), 아내는 남편을 섬기는 것이 근본(부위부강)이라는 뜻이다. 또한 오륜은 아버지와 아들의 관계에는 친밀함이 있어야 하고(부자유친), 임금과 신하의 관계에는 의리가 있어야 하며(군신유의), 남편과 아내 사이에는 구별이 있어야 하고(부부유별), 어른과 아이의 사이에는 순서가 있어야 하며(장유유서), 친구 사이에는 믿음이 있어야 한다(붕우유신)는 가르침이다.

6 삼강령(三綱領)은 밝은 덕을 밝히는(드러내는) 명명덕(明明德), 자신의 밝은 덕으로 백성을 새롭게 하는 신민(新民), 최선을 다해 지극한 선에 이르는(합당하게 처신하는) 지어지선(止於至善)의 강령이다. 팔조목(八條目)은 사물을 탐구하는, 즉 세상의 이치를 살피는 격물(格物), 지식(앎)을 확장하는 치지(致知), 의지를 성실히 하는 성의(誠意), 마음을 바르게 하는 정심(正心), 자신을 수양하는 수신(修身), 집안을 화목하게 이끄는 제가(齊家), 나라를 잘 다스리는 치국(治國), 세상을 화평하게 하는 평천하(平天下)로 이루어진, 삼강령을 실현하는 구체적인 방법이다.

7 지그문트 프로이드(Sigmund Freud), 장 삐아제(Jean Piaget), 에릭 에릭슨(Erik Erikson) 등의 서구 발달심리학자들의 인간 발달단계의 이론들에 앞서서 공자가 회고한 자신의 삶의 여정은 인간 발달에 있어서 선구적인 분류에 해당한다. 공자는 자신이 15세에 학문에 뜻을 두었고, 30세에 정신적으로 자립(세계관을 확립)했으며, 40세에는 타인의 말이나 주변 상황에 의해 미혹됨이 없었고, 50세에는 하늘의 뜻을 알게 되었으며, 60세에는 무슨 일이든 듣는 대로 순조롭게 이해했고, 70세가 되어서는 마음이 가는 대로 따라 해도 법도에 어긋남이 없었다고 말했다.

8 경(經)은 부처가 가르친 교법을 지칭하며, 율(律)은 불교 각 교단의 계율을 의미하며, 론(論)은 경(經), 즉 교법에 대한 연구해석을 뜻한다.

9   불교의 종파를 크게 분류하면 소승불교와 대승불교로 나눌 수 있다. 소승불교는 "작은 수레"라는 뜻의 산스크리트어 "히나야나"(hinayana)를 어원으로 하는데, 소승불교는 사람이 해탈을 얻기가 지극히 힘들기 때문에 소수의 사람들만이 그러한 경지에 이를 수 있다고 주장하며 해탈에 이르기 위한 개인의 노력을 강조하는 보수적 종파이다. 이와는 반대로 대승불교는 "큰 수레"라는 뜻의 산스크리트어 "마하야나"(mahayana)를 어원으로 하는데, 대승불교는 해탈을 이루기가 비교적 쉽다고 믿는 진보적인 사상을 토대로 승려가 아닌 일반인들도 열반의 경지에 이를 수 있다고 주장하였다. 이후 대승불교는 교종(敎宗)과 선종(禪宗)으로 분화되었는데 교종은 석가의 교설과 그것을 문자로 기록한 경전을 강조하며, 선종은 도교의 영향을 받아 좌선이나 참선을 통한 수행방법을 강조하였다. 한편 우리나라에서 교종은 통일신라 말기에 고승들의 경전에 대한 주석을 통해 보덕의 열반종, 자장의 계율종, 원효의 법성종, 의상의 화엄종, 진표의 법상종 등 다섯 종파로 분화되었다.

10 색(色)은 넓게는 물질을, 좁게는 육체를 의미하고, 수(受)란 외부에 객관적으로 존재하는 여러 대상을 받아들이는 것이다. 상(想)이란 감각기관을 통해 대상을 마음속으로 떠올리거나 그리는 것이고, 행(行)은 정신적 움직임이 일정한 방향으로 간다는 뜻이며, 식(識)은 수에 의해 감수된 대상을 확실하게 식별하여 그것이 무엇인지 판단하고 사유하는 작용을 말한다. 불교에서는 물질(육체)인 색과 네 개의 정신작용인 수상행식이 가화합(假和合)한 것을 삶이라 하고, 인연이 다하여 가화합한 오온이 흩어지는 것을 죽음이라고 한다. 불교는 다섯 가지 가화합의 집합체는 공(空)임에도 불구하고 사람들은 그것을 자신이라고 착각하기 때문에 삶이 괴로운 것이라고 설명한다. 연기론에 대한 자세한 내용은 "허암, 『불교에서의 죽음 이후, 중음세계와 육도윤회』, 서울: 예문서원, 2015." pp. 31~35를 참조하라.

11 제행무상(諸行無常)이란 모든 것은 변하고 영원한 것은 없다는 뜻이고, 제법무아(諸法無我)는 모든 존재와 현상은 다른 요인에 의존한다는 것이다. 일체개고(一切皆苦)는 제행무상과 제법무아의 원리를 알

지 못하면 모든 것이 고통일 뿐이라는 뜻이고, 열반적정(涅槃寂靜)이
란 진리를 깨우쳐서 열반의 평화에 들어간다는 의미이다.

12 팔정도 가운데 바른 행위는 "살생, 도둑질, 음행을 하지 말고 올바른 계율을 지키는 것"을 의미한다. 이는 기독교 십계명에서 살인, 간음, 도둑질을 금하는 6~8계명과 유사하다.

13 1960~1970년대에 유럽의 개신교 평신도운동을 이끌었던 영국인 평신도 마크 깁스(Mark Gibbs)와 스코틀랜드 교회의 목사인 랄프 모튼(T. Ralph Morton)은 평신도들이 교회에서 영적으로 얼어붙도록 방치한 영국 교회의 무관심을 비판하며 평신도의 유형을 A유형과 B유형의 두 종류로 구분하였다(최성훈, 2016b, 320). 이는 기독교의 교회 형태 구분과도 유사한 것으로 A유형은 대승불교와 비슷한 신념을 보유하고, B유형은 개 교회를 하나의 공동체로 볼 때에 소승불교와 유사한 측면이 있다. A유형의 평신도는 세상 속의 평신도로서 기능, 경력, 전문 직업, 혹은 가사를 중심으로 사역하는 사람들이고, 이들이 초점을 맞추는 사역은 흩어지는 교회에 있다. B유형 평신도는 교회 내 평신도로서 이들은 자원 봉사하는 성직자들로서 기능하고, 그들의 관심사는 교회 안에 있는 사역들을 향하기 때문에, 이들의 초점은 모이는 교회에 있다. 우리나라의 개신교 평신도운동은 주로 유형 B에 맞추어 전개되었기 때문에 세상에서 빛과 소금의 역할(마 5:13~16)을 담당하라는 그리스도의 가르침을 실천하는 데에 부족한 모습을 드러내기도 하였다.

14 보시바라밀(布施波羅蜜)은 조건없이 중생에게 베푸는 것을 의미하는데, 재물이나 금전을 베푸는 재보시(財布施), 불법을 전하는 법보시(法布施), 상대방의 마음을 편안하게 하여 공포를 제거하여 주는 무외시(無畏施)의 세 가지로 구분된다. 지계바라밀(持戒波羅蜜)은 계율을 잘 지키는 것이고, 인욕바라밀(忍辱波羅蜜)은 고난을 참고 견디며 법에 복종하는 것이며, 정진바라밀(精進波羅蜜)은 순수하게 수행을 지속하는 것이다. 선정바라밀(禪定波羅蜜)은 마음을 안정시켜서 올바른 지혜가 나타나게 하는 수단인 선정(禪定)을 닦는 것이며, 반

야바라밀(般若波羅蜜)은 모든 것이 공(空)임을 깨달아 아는 것으로서 앞의 다섯 가지 바라밀의 바탕이 되는데, 모든 것이 공이라는 것을 깨닫는 지혜와 자비의 실천을 통해 보살은 부처가 될 수 있기 때문이다.

15 불교의 중일아함경(대정장, 2, 738)은 일곱 가지 번뇌란 탐욕(貪慾), 성냄(瞋), 교만(驕慢), 어리석음(愚癡), 의심(疑), 소견(邪見), 현상 세계에 대한 욕심(欲世間)의 번뇌를 말하는 것으로서 그와 같은 번뇌에 묶여 생사를 반복하며 괴로움의 근본도 알지 못한다고 설명한다.

16 신업(身業), 구업(口業), 의업(意業)으로 짓는 열 가지의 악업을 십악업(十惡業)이라 하는데, 신업 중에는 생명을 죽이는 살생(殺生), 도둑질하는 행위인 투도(偸盜), 부정한 간음행위를 하는 사음(邪淫), 구업에서 거짓말을 하는 망어(妄語), 말로 이간질하는 양설(兩舌), 욕설이나 거친말을 하는 악구(惡口), 말을 꾸며대는 기어(綺語), 그리고 의업에서 어리석은 탐욕을 부리는 마음인 탐심(貪心), 성을 내는 마음인 진심(瞋心), 어리석은 마음인 치심(癡心)이 이에 속한다. 또한 악업의 반대가 선업이 된다.

17 불교 교리에 의하면 대부분의 사람들은 끊임없이 생사를 맞이하며, 선악(善惡)의 업인(業因)에 따라 윤회하는 육도세계(六道世界)의 한 곳에 태어난다. 지극히 선한 사람은 재판없이 바로 천상(天上)으로 가고, 평범한 사람은 자신의 업보에 따라 49일 동안 재판을 받아 천상(天上), 인간(人間), 아수라(阿修羅), 아귀(餓鬼), 축생(畜生), 또는 지옥(地獄)으로 가며, 극악무도한 죄인은 재판을 거치지 않고 바로 지옥으로 간다(허암, 2015, 39, 86).

18 "축복"(祝福)은 "복을 빌다"라는 뜻이지만 우리나라 기독교는 이를 단순히 "복"(福)의 뜻으로 사용한다.

19 아편전쟁 이후의 중국전통 가치관의 근대적 전형과 1980년대 이후의 현대적 전형은 명확히 다르다(박영순, 2015, 269~270). 첫째, 전통 관

념의 근대적 전형은 외부 세력에 의한 충격으로 발생한데 비하여 현대적 전형은 중국 사회의 내부적 요구로 인하여 일어난 자발적 각성이다. 둘째, 전통 가치관의 근대적 전형은 귀족 엘리트와 상류층이 주동한 것이므로 대중에게 영향력을 발휘하지 못했으나 현대적 전환은 일반 대중들에게까지 연관되어 그 지평을 넓혔다. 셋째, 전통 가치의 근대적 전형은 과학기술에서부터 제도적 변화 및 문화적 관념에 이르기까지 모두 새로운 전환을 요구했지만 전통 가치의 현대적 전환 속에서 중국인들은 자신들의 주체의식을 확립하고자 하면서 그 지평을 넓혀가고 있다.

20 과거에는 이를 신사유람단((紳士遊覽團)이라 불렀으나 한국사 용어 수정안에 따라 조사시찰단이라고 칭한다. 신사유람단이라는 명칭은 당시 조선 내에서 외래 문물 수용에 부정적인 견해가 팽배해 있었기 때문에 이를 감안하여 사용했던 완곡한 표현이다.

21 기독교의 교리와 관련한 내용은 다음의 내용을 참조한 것이다. 최성훈, 『성경으로 본 이단이야기』(서울: CLC, 2018). 제2장 "기독교의 전통적 가르침."

22 유한한 인간이 무한한 우주의 창조주 하나님을 알 수 없으며, 첫 사람 아담과 하와의 타락 이후로 하나님과 인간의 간극은 심화되었기 때문에 인간은 스스로의 힘으로 하나님을 알 수 없다. 따라서 하나님이 직접 자신을 밝혀서 사람들이 하나님의 존재와 섭리에 대하여 알 수 있도록 하였는데 그것을 계시라고 한다. 이는 모든 사람들에게 시간과 장소를 가리지 않고, 일반적인 시간과 장소를 통하여 자신을 알려주신 일반계시와 특별한 사람에게만 특별한 상황, 시간, 장소를 통해 하나님 자신을 드러낸 특별계시로 나뉜다(최성훈, 2016b, 28~31).
일반계시는 하나님이 모든 사람에게 일반적인 방법을 통하여 이루는 소통의 근원으로서 자연, 역사, 인간의 본질 등을 통해 자신을 계시하는 방법이다. 예를 들어서 생물을 구성하는 최소의 단위를 밝히려고 미시적 세계를 다루는 생물학과 우주의 한계와 같은 거시적 세계를 다루는 지구과학 등은 피조된 자연세계를 다루며 하나님의 존재에 대하여 알수 있게 한다. 또한 이스라엘의 불순종과 타락에도 불구하고 그들을 보존하였던 역사와 2차 대전과 같은 전쟁에서 연합국이 승리하는 등, 인류를 보존하고, 선이 악을 이기고 승리하는 역사 및 하나님의 가장 위대한 피조물로서 인간이 가지는 육체적 구조와 정신적 역량, 신을 추구하는 종교적 본질 역시 하나님에 대하여 알 수 있도록 하는 일반계시에 해당한다.

인간의 죄가 일반계시를 통해 하나님을 알 수 있는 능력을 손상시켰기 때문에 하나님은 새로운 방법을 통해 자신을 밝혔다. 그것은 하나님 자신이 특별한 시간과 장소를 통해 특별한 사람(아브라함, 이삭, 야곱, 모세 등)을 향해 주시는 특별한 대화 등의 나타냄(顯現)이며, 이스라엘이 출애굽할 때 애굽에게 임했던 열 가지 재앙과 홍해가 갈라지는 사건, 예수의 성육신 사건을 비롯하여 그리스도인들이 예수 그리스도의 이름으로 행하는 기적들, 성경의 기록 또한 특별계시에 속한다. 특별계시는 예수님을 그리스도, 주님으로 믿음으로써 구원을 얻도록 하는 하나님을 밝힘으로써 인간의 이해도를 고려하여 점진적으로 주어진다(최성훈, 2016b, 35~39).

기독교 명칭의 핵심인 그리스도와 관련된 기독론은 예수의 신성과 인성을 통해 그리스도로서의 존재가 부각된다. 그리스도의 신성은 성경의 직접적 묘사와 신적인 속성들의 증거를 통해 나타나는데(Grudem, 2000, 543~549), 우선 창조주로서 온 우주를 다스리시는 분께만 붙는 "하나님"이라는 명칭이 예수에게 사용되고(요 1:1; 18; 20:28; 롬 9:5; 딛 2:13; 히 1:8; 벧후 1:1), 일반적인 의미에서 "주인"을 지칭하는 헬라어 단어 "퀴리오스"(κύριος)가 헬라어 성경인 70인역에서 전능하신 하나님을 지칭하는 "주님"의 의미로 예수를 지칭한다(마 3:3; 22:44; 눅 2:11; 18; 고전 8:6; 히 1:10~12). 또한 창조를 가능케 한 "말씀"(시 33:6)인 "로고스"(λόγος)가 예수를 지칭하는데 사용되었고, 예수 자신과 성경 본문이 모세 이전의 선재성을 주장하였으며(요 3:17; 5:23; 8:58~59; 10:36), 자신이 처음과 나중임을 밝혔다(계 22:13). 하나님의 아들로서의 신성 역시 성경 곳곳에서 증거하고 있다(요 1:14; 18; 34; 49).

그리스도의 신성은 그가 행한 기적들을 통해 드러나는데, 폭풍이 부는 바다를 잔잔케 한 사건(마 14:19), 오병이어의 기적(마 14:19), 물이 포도주가 되게 한 일(요 2:1~11) 등이 그 전능함의 증거이다. 한편 하나님의 주권적 선포로서 "네 죄사함을 받았느니라"(막 2:5)고 말하며 중풍병자를 고친 후에 이를 신성모독이라고 생각하는 서기관들의 마음을 읽은 일(막 2:8), 나다나엘의 마음을 꿰뚫어 본 일(요 1:48), 가룟 유다의 배신을 미리 알았던 일(요 6:54) 등은 예수의 전지함을 드러낸다. 또한 자신의 육체의 부활을 암시한 대목(요 2:19~21)과 불멸의 생명의 능력(히 7:16) 등은 신적 불멸성을 나타낸다.

그리스도의 인성은 기본적으로 예수가 동정녀 마리아를 통해 인간의 육체를 가지고 출생하고(마 2:1; 눅 2:7) 성장하였다는(눅 2:52) 사실을 통해서 드러난다. 따라서 예수는 허기(마 4:2)와 갈증(요 19:28)을 느꼈고, 피곤함(요 4:6)과 십자가 사건의 고통을 모두 느꼈다. 인간의 감정과 지적능력을 보유한 증거, 즉 괴로움의 감정(마 26:38; 요 12:27; 13:21)은 물론 굶주리고 병든 자들을 불쌍히 여기며 민망히 여긴 대목(마 9:36, 14:14, 15:32, 20:34; 요 11:35) 역시 그의 인성을 나타낸다.

4장 고령화에 대한 대응방안

1 전진교는 중국 금나라 때에 왕중양이 주창한 도교의 새로운 종파로서 도교 본래의 불로장생을 추구하는 목적 이외에도 유, 불, 도의 합일을 주장하며 유교의 이론과 선종의 수양을 받아들였다.

2 주변국을 오랑캐로 폄하한 표현은 중화사상을 드러내는 대표적인 예가 된다. 남만(南蠻)은 춘추 전국 시대의 초, 오, 월나라 등 벌레가 많은 남쪽지역의 이민족, 북적(北狄)은 이리가 많은 북쪽지방의 투르크계 족속, 몽골족, 흉노족, 선비족, 거란족, 오환족 등의 이민족, 서융(西戎)은 서쪽의 창을 쓰는 저족(氐族), 강족(羌族) 등의 이민족, 동이(東夷)는 한반도의 우리나라를 포함하여 만주와 일본 등 동쪽 지역의 활을 잘 쏘는 이민족을 지칭하는 용어이다. 이러한 명칭들은 한족 외의 다른 민족을 모두

오랑캐화하여 비하하는 중국 중심의 중화적 표현이다.

3 연령차별주의 또는 에이지즘(Ageism)은 연령에 따른, 특히 노인을 향한 왜곡된 신념과 태도에 기인한 편견과 차별을 의미한다. 인종차별주의(Racism), 성차별주의(Sexism)와 함께 연령차별주의는 기독교적 시각에서는 하나님의 형상으로 창조된 인간의 가치를 폄하하는 것이고, 예수 그리스도가 명령한 사랑(愛)의 실천을 가로막는 죄악에 해당하며, 유교의 인(仁)은 물론, 불교의 자비(慈悲)사상과도 거리가 멀다. 그러한 잘못을 조장하는 근본적인 원인은 노화와 노인에 대한 통전적 시각의 결여요, 결국 무지(無知)인 셈이다.